JN452229

교과서 속 세계 문화 탐험 ⑤

예술과 혁명의 나라

프랑스

교과서 속 세계 문화 탐험 ❺

예술과 혁명의 나라 프랑스

1판 1쇄 발행 2025년 4월 30일

글쓴이 서지원
그린이 윤남선

편집 김민애
디자인 박영정

펴낸이 이경민
펴낸곳 ㈜동아엠앤비
출판등록 2014년 3월 28일(제25100-2014-000025호)
주소 (03972) 서울특별시 마포구 월드컵북로22길 21, 2층
홈페이지 www.moongchibooks.com
전화 (편집) 02-392-6901 (마케팅) 02-392-6900
팩스 02-392-6902
전자우편 damnb0401@naver.com
SNS

ISBN 979-11-6363-849-0 74810
979-11-6363-524-6 (세트)

1. 책 가격은 뒤표지에 있습니다.
2. 잘못된 책은 구입한 곳에서 바꿔 드립니다.

도서출판 뭉치는 ㈜동아엠앤비의 어린이 출판 브랜드로, 아이들의 지식을 단단하게 만들어주고, 아이들의 창의력과 사고력을 키워주어 우리 자녀들이 융합형 창의 사고뭉치로 성장할 수 있도록 좋은 책을 만들겠습니다.

교과서 속 세계 문화 탐험 ⑤

예술과 혁명의 나라 프랑스

뭉치
MoongChi Books

작가의 말

쌍둥이 남매 '사고, 뭉치'와 함께 프랑스로 스릴 넘치는 탐험 여행을 떠나 보세요!

프랑스 하면, 뭐가 제일 먼저 떠오르나요? 프랑스와 영국의 백 년 전쟁에서 큰 공을 세운 잔 다르크, 시민 중심의 세상을 만들고자 한 프랑스 혁명, 혁명 이후 프랑스 공화국의 통령이 되고 나중에는 황제의 자리까지 올라선 나폴레옹 등 역사적 사건이나 인물이 머릿속에 맴돌 거예요. 프랑스 혁명과 당시 시민들의 일상을 생생하게 그려 낸 『레미제라블』의 빅토르 위고, 『개미』로 우리나라뿐만 아니라 세계에 이름을 알린 베르나르 베르베르 등은 프랑스를 대표하는 작가이고요.

프랑스는 유럽 서부에 위치해 있으며, 서쪽으로는 대서양, 남쪽으로는 지중해, 북쪽으로는 북해와 접해 있는 나라예요. 교통상으로 서유럽 중심에 있고, 영국 해협을 두고 영국과 마주 보고 있기 때문에 유럽 문화의 중심지라고 할 수 있어요.

프랑스는 지난 수백 년 동안 서양 문화 발전의 중심지 역할을 해왔어요. 시대를 넘나들며 수많은 예술가, 철학가 등이 이름을 떨쳤기에, 오늘날 프랑스의 박물관과 미술관에 세계 문화유산이 총망라되어 있다고 해도 과언이 아니지요.

특히 프랑스는 17세기부터 회화 예술의 중심지가 되면서 많은 예술가들이 파리로 모여들었답니다. 우리가 잘 알고 있는 모네, 마네, 르누아르, 세잔, 고갱 등이 바로 프랑스 인상주의 화가들이랍니다. 19세기에는 고흐, 샤갈 같은 화가들도 프랑스로 모여들어 예술의 꽃을 활짝 피웠답니다.

이 책은 쌍둥이 남매인 사고와 뭉치가 프랑스 역사 속 인물들을 따라 떠나는 시간 여행 이야기랍니다. 사고와 뭉치는 잔 다르크, 나폴레옹 유령과 함께 스릴 넘치는 모험을 하면서 프랑스의 눈부신 문화와 역사를 저절로 배우게 된답니다.

자, 그럼 이번엔 어떤 기상천외한 일이 벌어질지, 사고뭉치 남매와 함께 프랑스 문화 탐험 여행을 떠나 볼까요?

동화로 세계 문화를 풀어내는 이야기꾼
서지원

차례

AVENUE
VICTOR HUGO

등장인물

쌍둥이 남매 중 오빠. 귀신과 요괴를 볼 수 있는 특별한 능력 때문에 예기치 않은 일에 휩쓸린다. 즉흥적으로 판단하고 행동부터 하는 급한 성격 때문에 사고가 끊이지 않는다. 게임을 좋아하고, 공부는 싫어하지만 눈치가 빨라 의외로 문제를 손쉽게 해결할 때가 많다.

쌍둥이 남매 중 여동생. 무조건 의심부터 하는 아이. 책 읽기를 좋아해서 아는 것은 많지만 정작 필요할 때 써먹지 못한다. 쌍둥이 오빠와 같이 다니면 '사고뭉치' 콤비가 되어 버려 난감할 때가 많다.

마리 퀴리 요정

마법사인지 과학자인지 헷갈리는 유령. 온갖 화학적 방법을 이용해 위기를 탈출할 수 있는 묘안을 만들어 낸다.

잔 다르크 요정

프랑스에서 만난 요정으로 매우 전투적이며 용감하다.

폴 주교

정직한 성직자인 척하지만 사실 사람들을 속여 암흑 제왕에게 제물로 바치려는 악마의 부하이다. 잔 다르크 유령이 사고의 몸속으로 들어가 사사건건 계획을 방해하자 모두를 없애기로 마음먹는다.

나폴레옹 조각상 유령

프랑스 황제였던 나폴레옹이라고 하는데 몹시 수다스럽다. 그래도 싸울 땐 용감하다.

전투 요정 잔다르크

크아앙
괴물이닷!
우르르
얼른 쫓아!
휴, 다행이다.
그만 나올래?
나랑 파동이 같아서
몸에 들어갈 수 있었어.
펑
정말 고맙다.
묻지도 않고
그냥 들어오면 어떡해.
잔 다르크,
괜찮니?
쟤는
퀴리 요정이야.
모두 여기 있었군!
크와악
어서 도망쳐.
내가 폭탄을 터뜨려 볼게!
이번엔 또 어떤 모험이 펼쳐질까?

1장

생트샤펠 성당에서

사고가 이상해

“사고야, 무슨 일 있었어?”

나는 땀으로 인해 살짝 젖은 사고의 머리카락을 보고 고개를 갸웃했어. 사고는 운동하는 걸 정말 싫어한단 말이야. 설령 쓰나미가 몰려온다고 하더라도 사고가 다급히 뛸 리가 없을 텐데, 뭔가 수상쩍단 말이지.

“정말 아무 일도 없었어?”

“그렇다니까.”

사고는 아무 일도 아니라며 고개를 가로저었지만, 목소리가 약간 떨리고 있었어.

“에이, 무슨 일 있는 것 같은데?”

나는 사고의 옆구리를 쿡 찌르며 장난스레 말했어. 그러자 사고가 내 손을 뿌리치며 버럭 소리쳤지.

“내가 옆구리 찌르지 말랬지?”

“에이, 뱃살이 많아서 별 느낌도 안 날 거면서.”

"싫다고! 싫어!"

사고가 벽을 주먹으로 쾅 찍었어. 그러자 벽이 와르르 무너졌지 뭐야. 처음엔 벽이 하도 오래되고 낡아서 그렇게 된 줄 알았지.

"뭐야, 갑자기 힘이 왜 저렇게 세진 거지?"

내가 고개를 갸웃할 때였어. 작은 뭔가가 사고의 뒤를 졸졸 따라가는 게 보였어. 나는 헛것을 보았나 하고 눈을 비볐어. 그사이, 사고의 뒤를 쫓아가던 뭔가는 후다닥 사라지고 없었지.

"얘들아, 이제 다른 곳으로 가 보자꾸나."

엄마 아빠가 우리를 불렀어.

"네!"

사고가 엄마 아빠에게 달려갔어. 어쩐지 사고의 모든 것이 수상쩍었어. 걸음도 평소보다 빨라진 것 같고, 눈빛도 좀 이상한 것 같고…….

"그런데 이제 어디로 가지?"

엄마가 머리를 긁적이며 중얼거렸어. 아빠는 맛있는 것부터 먹으러 가자고 했지. 그때 사고가 귀여운 표정을 짓더니 끼어들었어.

"엄마, 아빠! 생트샤펠 성당은 어때요?"

"거기가 어딘데?"

"생트샤펠 성당은 서양에서 가장 위대한 건축물 가운데 하나로 손꼽힌다고요. 루브르 궁전이 완성되기 전까진 프랑스의 왕들이 이곳에 살았던 곳이라 아주 화려하고 아름답대요."

"어머, 그래?"

"우리 사고는 모르는 게 없다니까."

엄마랑 아빠는 전혀 눈치채지 못한 듯하지만 난 알 수 있었어. 저건 사고의 목소리가 아니야. 최대한 사고처럼 말하려고 흉내를 냈지만, 사고랑 매일 붙어 다니는 나까진 속일 수 없지.

생트샤펠 성당으로 가는 동안 사고는 내내 창밖만 바라보았어. 버스가 멈추자마자 사고가 차에서 내리려 했어. 나는 그런 사고의 팔을 붙잡으며 물었어.

"너, 누구야."

"누, 누구냐니? 오빠, 왜 그래요? 나야, 나."

"그러니까 네가 말하는 '나'가 누구냐고."

"누구긴, 오빠 동생 사고지."

"아니, 넌 사고가 아니야. 우리 사고는 절대 자기 아쉬울 때 빼고는 나더러 존댓말을 하지 않아."

나의 예리하고 날카로운 추리에 사고의 표정이 딱딱하게 굳었어. 그 사이 엄마 아빠는 생트샤펠 성당 안으로 들어갔지.

사고는 내 질문에 대답도 하지 않고 안으로 휙 들어가 버렸어.

성당 안은 매우 화려했어. 둥근 천장과 창문에는 화려한 스테인드글라스가 새겨져 있었는데, 그 속엔 깨알 같은 크기의 종교화가 약 1천

프랑스의 문화유산 이야기

서양 건축사를 대표하는 생트샤펠 성당

파리 시테섬의 서쪽에 지어진 프랑스 후기 고딕 양식의 성당이에요. '생트샤펠'은 '성스러운 예배당'이라는 뜻이랍니다. 생트샤펠은 루이 9세가 수집한 성유물을 보관하기 위해 지어졌는데요, 예수의 가시관을 비롯하여 30개쯤 된다고 해요. 18세기 프랑스 대혁명 때 왕가의 상징이라는 이유로 크게 훼손되었는데, 스테인드글라스만큼은 2/3가 원래부터 있었던 것이랍니다.

여 장이나 그려져 있었지. 햇빛을 받은 스테인드글라스는 매우 웅장한 느낌을 주었어.

"우와, 여긴 정말 아름답구나!"

엄마랑 아빠는 성당 안을 구경하느라 정신이 팔린 상태였어. 하지만 나는 사고만 쳐다보았지. 사고의 행동이 뭔가 수상쩍었기 때문이야.

"나, 난, 잠깐만."

사고는 화장실에 다녀오겠다며 뒷걸음질을 쳤어. 나는 재빨리 사고의 팔짱을 끼며 말했지.

"나도 같이 가!"

"난 여자 화장실로 갈 거라고!"

"그럼 그 앞에서 기다릴게."

내 말을 들은 사고의 눈빛이 날카로워졌어. 계속 조르면 아까 그 무지막지한 주먹으로 나를 한 대 칠 것 같은 기세였지. 내가 움찔해서 뒤로 물러서자 사고가 재빨리 복도를 향해 뛰어갔어.

"야, 같이 가자니까!"

나는 사고를 쫓아갔어. 그런데 성당 안은 미로처럼 복잡했어. 나는 대체 사고가 어디로 간 걸까 하고 두리번두리번 찾아다녔지. 그때 기도실로 들어가는 누군가의 그림자가 보였어.

신기하게도 그림자의 머리에는 뿔이 나 있었고 꼬리도 달려 있었지.

그림자만 보았을 땐 마치 염소 같기도 했어. 게다가 갈고리처럼 손톱을 세우고 있지 뭐야.

"…… 아, 악마?"

나는 그림자를 보고 놀라 두 눈을 휘둥그레 치켜떴어. 순간 나의 인기척을 느낀 악마가 기도실로 들어가다 말고 밖으로 나왔어.

"얘야, 무슨 일이니?"

이상했어. 그림자는 틀림없이 악마였는데 내 앞에 나타난 건 아주 인자하게 생긴 주교님이었지 뭐야.

"난 폴 주교라고 한단다. 어린이가 왜 혼자서 이곳을 다니고 있는 거지?"

"아, 도, 동생을 찾느라고요. 동생이 화장실에 간다고 했는데 사라져 버렸어요."

"그래?"

폴 주교가 나를 힐끗 노려보았어.

"얘야, 혹시 아까 무얼 보았니?"

"아, 아뇨."

"그런데 왜 그렇게 놀란 표정을 지은 거지?"

"놀라긴요. 저는 원래 표정이 이래요."

나는 폴 주교 앞에서 일부러 눈을 더 크게 치켜떴어. 그러자 폴 주교가 의심스러운 눈빛으로 나를 훑어보더니 기도실로 들어가 버렸어.

그때 사고가 나타났어.

"방금 너도 그걸 본 거야?"

사고의 말투와 목소리가 낯설었어.

"넌 누구야?"

내가 묻자 사고의 몸속에서 누군가 스르르 빠져나왔어. 내가 제일 좋아하는 잔 다르크였지 뭐야!

프랑스의 역사 이야기

프랑스군을 이끈 소녀 잔 다르크

15세기 프랑스는 영국과 오랜 전쟁을 벌였어요. 영국 왕은 막강한 군대를 이끌고 파리까지 쳐들어갔지요. 이때 한 소녀가 나타나 항복하려는 백성들을 다독이고, 힘을 합쳐 싸우자고 했어요. 바로 잔 다르크였어요. 심지어 잔 다르크는 당당하게 영국군에 맞서 싸웠지요. 그 모습을 보고 용기를 얻은 프랑스 사람들은 영국으로부터 승리를 거머쥐었답니다.

새로운 친구를 만나다

"난 전투 요정 잔 다르크야."

"난 퀴리 요정!"

나는 갑자기 나타난 요정들을 보고 깜짝 놀라 두 눈을 휘둥그레 치켜떴지.

"어떻게 내 동생 몸속으로 들어간 거야?"

"나도 잘 모르겠어. 골목에서 악마들을 피해 도망치다가 우연히 사고의 몸에 부딪혔는데, 갑자기 몸속으로 빨려 들어가게 되었어. 덕분에 그 악마들을 피할 수 있었지."

"말도 안 돼!"

내 눈으로 잔 다르크 요정이 사고의 몸속에서 나오는 걸 봤지만 도저히 믿기 어려웠어. 내가 지금 꿈을 꾸는 걸까?

내가 두 눈을 끔뻑거릴 때였어.

"참, 그건 그렇고 넌 아까 뭘 보고 놀란 거야?"

퀴리가 내게 물었어.

"아, 아까 그 폴 주교라는 사람 말이야. 그림자가 악마 같았어. 실제 모습은 전혀 그렇지 않았는데, 그림자는 머리에 뿔도 있고 꼬리도 있는 것이 마치 괴상한 악마의 모습이었어."

이건 아주 순간적이었는데, 폴 주교가 갑자기 옆으로 획 돌아보는 순간 머리에 뿔 두 개가 달리고 주둥이가 뾰족하고 발톱을 세운 늑대처럼 보이기도 했지. 나는 모두에게 내가 순간적으로 보았던 모습에 관해

설명했지.

“그건 악마가 진짜 폴 주교 대신 둔갑하고 있기 때문이야.”

잔 다르크가 말했어.

“정말?”

“진짜 폴 주교는 지금 어디 계시는데?”

사고가 묻자 퀴리가 말했어.

“진짜 폴 주교의 영혼은 종교화 속에 봉인되었어. 생트샤펠 성당 지하실에는 수많은 종교화가 있어. 1만 점도 넘을걸? 그중에 분명 폴 주교의 영혼을 봉인시킨 그림이 있을 거야.”

잔 다르크와 퀴리는 나와 사고에게 폴 주교의 영혼을 봉인시킨 그림을 찾을 수 있게 도와 달라고 부탁했어.

“에이, 우리가 무슨 수로 그림을 찾겠어!”

내가 고개를 가로저으며 말하자 퀴리가 다시 한번 부탁했어.

“아니, 너희들은 아주 특별해. 우리랑 악마의 실제 모습도 알아보았잖아. 그러니 그림을 보면 폴 주교가 갇혀 있다는 걸 알 수 있을 거야.”

“윽, 1만 점이나 되는 그림을 일일이 다 살펴야 하는 건가?”

그때였어. 사람들이 지하에서 무언가를 들고 나오는 게 보였어. 그건 지하실에 보관해 둔 그림들이었지.

“아저씨, 이걸 어디로 가져가는 거예요?”

"지하에 있는 모든 미술품을 루브르 박물관으로 옮기라는 명령이 떨어졌단다."

아저씨의 말에 우리는 멍한 표정을 지었지.

갑자기 미술품을 다른 곳으로 옮긴다고? 우리가 그 그림들을 보려고 하는 이때?

뭔가 수상한 냄새가 났어. 프랑스에서 우리는 새로운 모험을 하게 되는 건가 봐. 가슴이 두근두근거리고, 한편으로는 어떤 괴물과 싸우게 될지 걱정도 되었지.

프랑스는 어떤 나라일까?

프랑스는 유럽에서 세 번째로 큰 나라예요. 비옥하고 넓은 땅을 갖고 있어서 옛날부터 농업과 목축업이 발달했어요. 프랑스 동부에는 알프스 산맥의 일부인 몽블랑 산이 있어요. 이곳을 사이에 두고 이탈리아 스위스와 맞닿아 있어요.

자유의 나라 프랑스

프랑스 하면 패션과 예술, 자유가 떠오를 거예요. 프랑스는 시민들이 혁명을 통해 왕권을 몰아내고 자유를 쟁취한 나라예요. 덕분에 프랑스와 파리는 자유의 상징이 되었지요. 하지만 프랑스 혁명을 성공시킨 것은 근대 자본가들이었고 가난한 민중은 혁명을 위해 피를 흘리고도 주인이 되지 못했어요. 이런 이유 때문에 1814년 왕정 복고가 일어나기도 하지요.

패션 감각이 뛰어난 프랑스 사람들

프랑스에서는 해마다 세계적으로 유명하고 큰 패션쇼가 열려요. 프랑스는 그만큼 패션으로 유명한 나라이거든요. 실제로 프랑스 사람들은 개성을 매우 중요하게 여겨요. 게다가 사람들의 패션 감각 또한 매우 뛰어나지요. 프랑스에는 아주 유명한 브랜드가 많답니다. 그중에서도 여성들이 매우 좋아하는 브랜드인 '샤넬'은 프랑스의 대표적인 패션 브랜드라 할 수 있지요.

프랑스의 수도 파리

프랑스의 수도인 파리는 낭만의 도시라 할 수 있어요. 파리에는 에펠 탑을 비롯해 노트르담 성당, 베르사유 궁전 등 다양한 볼거리도 많지요. 파리는 서울에 한강이 흐르듯이 도시 가운데 센강이 흐르고 있어요. 덕분에 프랑스 파리를 찾은 사람들은 센강에서 유람선을 타고 관광을 한답니다.

2장

세상에서 가장 복잡한 루브르 박물관

퀴리와 잔 다르크를 따라서

퀴리는 계속 흥얼거리며 프랑스 노래를 불렀어.

"프랑스 노래는 우리나라 노래랑 많이 다르네요."

나는 퀴리의 노래를 따라서 불렀어.

"이건 샹송이야. 프랑스 전통 음악이지. 시로 만든 노래야."

"우와, 시로 노래를 만들다니! 역시 프랑스다워요. 아 참, 엄마 아빠한테 루브르 박물관에 구경 가자는 말을 해 볼까?"

내 말에 사고가 대꾸했어.

"너무 늦었어. 지금은 박물관이 문 닫을 시간이야."

"그럼 어떡하지?"

그때 퀴리가 끼어들었어.

"아무래도 밤에 몰래 박물관으로 가는 게 좋겠어."

"몰래?"

"그게 가능해?"

나와 사고가 거의 동시에 물었지.

“내가 투명 인간이 되는 마법 가루를 만들어 볼게.”

“우아, 그런 것도 만들 수 있어?”

“나한테 맡겨!”

이렇게 해서 우리는 밤중에 몰래 숙소를 빠져나왔어. 엄마 아빠는 성당 여기저기를 돌아다니느라 피곤했는지 곤히 잠에 빠져 버렸지. 덕분에 우린 침대 속에 베개를 넣어 두고 살금살금 빠져나오는 데 성공할 수 있었어.

우린 잔 다르크의 도움으로 루브르 박물관까지 단숨에 이동할 수 있었어.

루브르 박물관은 처음부터 박물관으로 쓰려고 만든 곳이 아니었어. 원래 이곳은 어마어마한 크기의 궁전이었는데 이곳에 살던 왕이 더 화

프랑스의 문화 이야기

시를 노래로 만든 샹송

프랑스 전통 음악을 샹송이라고도 하는데, 이것은 아름다운 시에 음을 붙여 부르는 노래랍니다. 우리나라의 판소리가 이야기에 음을 붙여 노래한 것이듯, 프랑스에서는 시를 노래하는 샹송이 매우 발달했답니다. 프랑스 사람들은 샹송을 자신들의 문화유산이라고 자랑스럽게 여겨요.

려하고 으리으리한 궁전으로 이사하는 바람에 버려진 곳이 되었대.

"루이 14세가 베르사유 궁전으로 이사한 뒤 루브르 궁전은 왕실에서 수집한 각종 미술품을 보관하는 곳이 되었지. 그 후 나폴레옹이 이곳을 박물관으로 만들었고."

"헉, 정말 크다."

나와 사고는 어마어마한 크기의 궁전을 보고 입을 쩍 벌렸어.

궁전 안으로 들어가니 그 규모가 얼마나 큰지 실감이 나기 시작했어.

입구에서 미술품이 있는 전시실까지 가는 데만 해도 시간이 엄청 걸리더라고.

"이곳을 오늘 밤에 다 둘러볼 수 있을까?"

사고의 말에 잔 다르크가 대꾸했어.

"물론 불가능하지. 루브르 박물관을 제대로 구경하려면 한 달은 족히 필요할 테니까."

"그럼 어떻게 폴 주교가 갇혀 있는 그림을 찾아내지?"

사고는 한숨을 푹 내쉬었어.

"퀴리, 네가 마법으로 그림을 찾아내는 건 불가능해?"

나는 퀴리에게 뭐든 새로운 마법을 이용해 보라고 했어. 그러자 퀴리는 화학적인 마법밖에 할 수 없다며 고개를 푹 숙였지.

프랑스의 인물 이야기

프랑스를 대표하는 과학자 마리 퀴리

마리 퀴리는 남편인 피에르 퀴리와 함께 연구하던 과학자였어요. 어느 날 마리 퀴리는 우라늄보다 방사능 강도가 수백 배나 높은 폴로늄이라는 물질을 발견했어요. 덕분에 우리는 원자력이라는 큰 에너지를 개발할 수 있게 되었지요. 이 공로로 퀴리 부부는 1903년 노벨 물리학상을 받았답니다. 이후 순수한 금속 라듐을 분리하는 데에도 성공해 노벨 화학상도 받았어요.

그림을 찾아서

그때 바스락 소리가 들렸어.

"엇, 방금 무슨 냄새가 났는데."

나는 코를 벌름거리며 주위를 둘러보았어. 잔 다르크는 아무 냄새도 나지 않는다며 빨리 주교가 갇혀 있는 그림이나 찾자고 말했지.

"아냐, 분명 무슨 냄새가 났다니까?"

"우리 오빠 코는 정말 개코야. 냄새를 귀신같이 맡는다고. 뭔가 있을지도 모르니 주위를 살펴보자."

웬일로 사고가 내 편을 들어주었어. 나는 감격한 표정으로 사고를 바라보았지. 바로 그때 벽에 걸려 있던 그림 속에서 악마가 쑥 튀어나왔어.

"으아악!"

나는 놀라서 뒷걸음질을 쳤어.

"캬악!"

악마는 나를 향해 달려들었지. 그 순간 잔 다르크가 사고의 몸속으

로 들어갔어.

사고의 눈이 마치 고양이처럼 노랗게 빛이 나더니 놀라운 속도로 내 앞에 달려왔어. 사고, 아니, 잔 다르크의 전투 실력은 엄청났어. 악마를 한 손으로 붙잡아서 휙 창문 밖으로 던져 버렸지 뭐야.

"저, 저기 또 악마가!"

"루브르 박물관에 그림이 얼마나 있지?"

"아마 7천 점 이상은 될걸?"

내가 묻자 퀴리가 대답했어.

"힉, 그럼 악마가 7천 마리 이상 나타날 수 있다는 뜻이잖아!"

"퀴리, 이대로 싸우는 건 무리야! 악마들이 그림 속에서 나타나지 못하도록 뭔가 방법을 찾아야 해."

사고의 몸속으로 들어간 잔 다르크가 외쳤어.

"좋아, 내가 매직 거품을 만들어 볼게!"

퀴리가 어딘가로 쓱 사라지더니 눈 깜짝할 사이에 거대한 스프레이를 들고 나타났어. 퀴리는 사고의 몸속에 있는 잔 다르크에게 스프레이를 그림에다 쏘라고 했어. 그러면 그림 속에 숨어 있던 악마들이 밖으로 나오지 못할 거라고 했지.

"그러다 그림을 망치면 어떡해? 여기 있는 그림은 모두 보물들이잖아. 값이 비싼 것도 많을 텐데!"

내가 걱정스레 묻자 퀴리는 안심하라고 했어.

"과산화수소와 아이오딘화 칼륨이 섞이면 산소 기체가 발생해. 여기에 마법 가루를 뿌리면 사람의 눈에 보이지 않는 거품이 1톤 이상 만들어질 거야."

과연, 퀴리는 화학적인 마법을 부릴 수 있다더니 그 말이 딱이었어. 잔 다르크가 스프레이를 뿌리자 그림 안에 수십 톤의 거품이 생겨났지. 그 거품 때문에 악마들이 빠져나올 수가 없게 되었어.

하지만 잔 다르크가 그림 하나하나를 찾아다니며 스프레이를 뿌리기엔 시간이 부족했지. 잔 다르크는 갑자기 스프레이를 누른 채 빙글빙글 돌기 시작했어. 그 속도는 점점 더 빨라졌어. 마치 매직 거품 스프레이가 거대한 회오리를 일으키며 돌아다니는 것 같았어.

"와, 눈 깜짝할 사이에 여기 있는 모든 그림에 매직 거품을 뿌렸네."

내가 감탄하는 사이 잔 다르크가 사고의 몸에서 빠져나왔어. 사고는 아직 머리가 빙글빙글 도는 것 같다며 비틀거렸지.

"꾸아악!"

"우릴 꺼내 줘!"

그림 속에서 악마들이 소리치는 게 들려왔어. 확실히 퀴리가 만든 매직 거품이 효과가 있나 봐.

"빨리 폴 주교의 영혼이 갇혀 있는 그림을 찾아보자!"

잔 다르크의 말에 나는 다리에 기운이 탁 풀리는 것 같았어. 겨우 루브르 박물관의 입구를 지나왔을 뿐인데 벌써 기운이 다 빠져 버린 것 같았지 뭐야.

"윽, 이럴 땐 폴 주교가 우리에게 '나 여기 있다!' 하고 신호를 보내 주면 좋을 텐데."

그때 지하에서 무슨 소리가 들려왔어.

"나-아-아! 여-어-어-기!"

가만히 귀를 기울여 보니 누군가 여기 있다고 외치는 소리였지. 우리는 모두 귀를 바짝 기울인 채 소리가 나는 곳에 집중했어. 소리가 나는 곳은 지하실이었어. 나와 사고, 잔 다르크와 퀴리는 지하실을 향해 성큼 다가갔지.

우리가 지하실 문을 열자 어둠 속에 누군가 눈을 번뜩이는 게 보였어.

"누, 누구세요?"

"혹시 폴 주교이신가요?"

나와 사고가 물었어. 그러자 어둠 속에 있던 누군가 크크크 하고 낮은 웃음소리를 내며 한 걸음씩 앞으로 다가왔어. 순간 희미한 불빛 아래 웬 남자의 모습이 드러났지. 그건 가짜 폴 주교 행세를 하는 악마의 모습이었어.

“헉!”

나와 사고는 놀라 뒷걸음질했어. 그때 지하실에 숨어 있던 악마들이 우르르 나타났어. 우리는 꼼짝없이 포위당하고 말았지.

초대형 박물관이자 미술관인 루브르

세계에서 가장 큰 박물관 중 하나인 루브르 박물관은 무려 35,000점 이상의 유물을 소장하고 있어요. 루브르 박물관은 예전엔 프랑스 왕들의 궁전이었고 한때는 감옥으로 사용되기도 했지요. 현재 루브르 박물관에는 다양한 미술 작품뿐만 아니라 이집트, 고대 에트루리아, 그리스, 중앙아시아, 이슬람 문화권의 예술 작품까지 전시되어 있어요. 원래 루브르는 궁전이었어요. 루이 14세가 베르사유 궁전을 짓기 전까지만 하더라도 이곳에서 프랑스 왕들이 생활했지요. 하지만 베르사유를 지은 루이 14세는 이사를 가 버렸어요. 그 후 루브르는 왕실의 미술품과 보물을 보관하는 창고가 되었어요. 루브르 박물관은 규모가 어마어마하게 커서 박물관을 제대로 구경하려면 한 달이 걸릴 정도랍니다.

미술관으로 탈바꿈한 오르세 역

오르세 미술관은 원래 파리에서 개최된 만국 박람회를 위해 만들어진 기차역이었어요. 그런데 만국 박람회가 끝나고 오르세 역을 이용하는 손님이 줄어들기 시작하자, 오르세 역을 없애려다가 개조해서 미술관으로 만들었지요. 오르세 미술관에 가면 인상파 화가인 고갱, 쇠라 등의 작품을 볼 수 있답니다.

예술가들이 사랑한 몽마르트르

몽마르트르 언덕은 파리 북부에 있는 작은 언덕이에요. 예전에는 이곳의 집값이 무척 쌌기 때문에 가난한 예술가들이 많이 살았대요. 실제로 모네, 마네, 고갱, 고흐, 르누아르 등 프랑스를 대표하는 화가들은 대부분 몽마르트르에 모여 그림을 그렸다고 해요. 덕분에 지금도 몽마르트르 언덕은 프랑스 파리의 대표적인 예술가 거리로 꼽히고 있지요. 몽마르트르 언덕에 가면 초상화를 그리는 화가들도 흔하게 볼 수 있고 아주 싼값에 그림을 살 수도 있답니다.

박물관만큼 볼거리가 많은 베르사유 궁전

베르사유는 원래 파리의 시골 마을 중 하나였대요. 그런데 루이 14세가 마을이 있던 자리에 궁전을 세웠지요. 초기에 베르사유 궁전은 사냥할 때만 머무는 여름 별장 역할을 했다고 해요. 베르사유 궁전에는 정원에 1,400개의 분수가 있고 오페라를 볼 수 있는 방, 거울을 볼 수 있는 방이 따로 있으며 한꺼번에 2만 명이나 수용할 수 있는 커다란 정원도 있답니다. 베르사유 궁전은 그 자체만으로도 거대한 박물관이라 할 수 있지요.

3장

진짜 폴 주교가 나타났다!

악마는 무서워

"으악, 도망쳐!"

나는 사고에게 소리쳤어.

"도망칠 때 치더라도 폴 주교가 어디 갇혀 있는지 찾아야지!"

사고의 몸속으로 들어간 잔 다르크가 악마들을 공격했어.

박쥐처럼 생긴 얼굴, 머리에 삐죽 솟은 뿔과 날카로운 채찍 같은 꼬리, 등에 날개를 지닌 악마들은 우리 주변을 빙글빙글 맴돌았지.

"이대론 안 돼. 악마들의 수가 너무 많단 말이야!"

내가 소리치자 사고, 아니, 사고의 몸속으로 들어간 잔 다르크가 외쳤어.

"잠깐이면 돼. 악마들이 그림 가까이 가지 못하도록 시간을 끌어 줘."

"내, 내가? 내가 무슨 수로 시간을 끌겠어!"

"부탁이야, 잠깐이면 돼!"

이렇게 말한 퀴리와 사고, 잔 다르크는 지하실로 뛰어 들어가더니 문을 잠가 버렸어. 그림을 찾기 위한 것이었지.

"크크크!"

혼자 남은 나를 향해 악마들이 이빨을 드러냈어. 나는 어색한 미소를 지으며 악마들을 향해 손가락을 까딱했어.

"아, 안녕? …… 내 소개라도 해 줄까?"

그러자 악마들이 나를 향해 서서히 다가왔어. 나는 두 주먹을 질끈 움켜쥐고 계단 위로 뛰어가기 시작했지.

하지만 날개를 가진 악마들을 당해 낼 순 없었어. 순식간에 계단 위로 올라간 악마들이 나를 향해 기분 나쁜 웃음을 짓고 있지 뭐야. 나는 이러지도 저러지도 못한 채 울상을 지었어. 그때 지하실 문이 열리지 뭐야.

"저, 저기 너희가 찾는 사람이 다 있어."

내가 소리치자 악마들이 우르르 날아갔어. 나는 가슴을 쓸어내리며 '휴, 살았다.' 하고 생각했지.

그사이, 지하실 안으로 우르르 들어간 악마들이 꺄악 끽! 끄악! 소리

프랑스의 문화 이야기

프랑스 식 인사법

우리는 보통 누군가를 만나면 악수를 하잖아요. 프랑스에서도 처음 만났거나 공식적인 자리에서는 악수를 해요. 하지만 어느 정도 친한 사이라면 Bise 또는 Bisou라고 불리우는 볼 뽀뽀를 해요.

볼 뽀뽀 인사는 보통 여자끼리, 또는 남녀 사이에서 하는데요. 남자끼리는 악수를 더 많이 하는 편이에요. 친한 사이라면 남자끼리도 볼 뽀뽀를 하기도 해요. 진짜 볼에 입술을 갖다 대는 건 아니고, 볼만 살짝 맞대거나 아니면 닿지 않게 살짝 뗀 상태에서 '쪽' 소리를 입으로 낸답니다.

를 내질렀어. 나는 무슨 일인가 하고 지하실 문 가까이 다가갔지. 그러자 지하실 한쪽에서 빛이 번쩍번쩍 나지 뭐야.

'퀴리가 또 이상한 화학 약품을 만든 건가?'

이렇게 생각하며 문틈을 들여다보았더니 웬 허연 뭔가가 악마들을 향해 빛을 쏘지 뭐야. 그 빛을 맞은 악마들의 몸이 서서히 녹아내리기 시작했어.

"사고야, 괜찮아?"

내가 문틈으로 고개를 내밀자 사고, 아니, 잔 다르크가 말했어.

"인사해, 여긴 진짜 폴 주교님이셔."

"안녕하세요, 그런데 어쩐지 유령같이 생기셨네요."

내가 인사를 하자 폴 주교가 악수하자고 했어. 나는 폴 주교의 손을 덥석 잡았지. 하지만 손이 폴 주교의 손을 통과해 버리지 뭐야.

나는 몇 번이고 악수하려고 시도했어. 하지만 계속해서 실패하고 말았지.

폴 주교와의 만남

"어, 왜 이러지?"

"난 지금은 유령이라서 악수를 할 수 없단다. 영혼만 남았으니 그럴 수밖에."

폴 주교가 허허 웃으며 말했지.

"나는 반드시 가짜 폴 주교를 내쫓고 몸을 되찾아야 한단다. 도와주겠니?"

"음……."

나는 우물쭈물 망설였어. 그러자 사고가 대답했지.

"오빠, 뭘 망설이는 거야? 당장 돕겠다고 해야지."

"하지만 악마들이 너무 위험한 것 같아. 우리 말고 어른들에게 도움을 청하는 게 낫지 않을까?"

그러자 폴 주교가 말했어.

"지금은 시간이 없어. 당장 에펠 탑으로 가서 내 몸을 빼앗은 가짜 폴 주교를 찾아야 해."

"에펠 탑이라고요?"

내가 두 눈을 휘둥그렇게 뜨자 사고의 몸속에서 튀어나온 잔 다르크가 말했어.

"가짜 폴 주교가 에펠 탑에서 무언가를 불러들이는 의식을 시작하려는 것 같아. 아주아주 위험한 의식 말이야."

"좋아, 어서 에펠 탑으로 가자!"

잔 다르크가 에펠 탑까지 갈 수 있는 빛의 터널을 만들었어. 사고와 요정 잔 다르크, 퀴리, 그리고 유령인 폴 주교는 망설임 없이 터널 안으로 걸어 들어갔어.

나는 빛의 터널이 닫히려는 순간까지 따라갈까 말까 결정을 하지 못하고 있었어. 그런데 지하실 바닥에 쓰러진 악마의 꼬리가 움찔 움직이지 뭐야.

"으악!"

그걸 본 나는 재빨리 터널 안으로 뛰어 들어갔어. 언제 어디서 악마가 튀어나올지 모르는 무시무시한 박물관 지하실에 나만 홀로 남아 있을 순 없잖아.

"여기가 에펠 탑인가?"

빛의 터널을 지나자 낡고 거대한 철골 구조물이 나타났어. 올려다보니 철골로 이뤄진 매우 거대한 미로가 펼쳐져 있는 듯했지.

"가짜 폴 주교가 어디로 갔을까요?"

"아마 전망대 쪽으로 갔을 거야. 그곳에선 파리 시내를 한눈에 볼 수 있거든."

폴 주교 유령의 말에 사고가 엘리베이터 버튼을 눌렀어. 그런데 버튼

에 불이 들어오지 않는 거야.

"억, 엘리베이터가 고장 났나 봐."

"하는 수 없지. 계단으로 올라가자."

"흐억, 저 높은 곳까지 계단으로 가야 한다고? 그냥 빛의 터널을 이용하면 안 되는 거야?"

내가 투덜거리자 폴 주교 유령은 에펠 탑이 처음 세워졌을 때만 하더라도 사람들이 전망대로 가려면 1,710개의 계단을 직접 올라야 했다고 말했어.

"힝, 유령인 주교님이나 요정인 쿼리는 그냥 휙 날아가면 되고, 사고는 잔 다르크의 힘을 이용해 계단을 올라가면 되지만 저는 일일이 계

프랑스의 문화유산 이야기

프랑스의 상징, 에펠 탑

에펠 탑은 프랑스 혁명 100주년을 기념해서 만든 탑이에요. 1889년 만국 박람회 때 세워진 에펠 탑은 원래 1909년에 철거될 예정이었어요. 하지만 전파 탑으로 사용하기로 결정했지요. 덕분에 높이가 324m짜리 에펠 탑은 프랑스를 대표하는 상징물이 되었답니다.

단을 올라가야 하잖아요!"

"운동도 되고 좋잖니."

"계단 1,710개를 올라가야 한다니, 으악!"

나는 헉헉거리며 계단을 올라갔어.

얼마나 올라갔을까. 숨이 차서 더 이상 꼼짝도 할 수 없었어. 다리에 힘이 풀려서 그 자리에 주저앉고 싶은 생각이 굴뚝같았지. 그때 사고가 나에게 고개를 들어 바깥 풍경을 좀 보라고 했어.

에펠 탑은 등대처럼 빛을 비추었는데, 그 빛은 무려 80km 밖까지 환하게 비출 수 있대. 에펠 탑은 마치 깜깜한 밤바다를 비추는 등대처럼 파리 시내를 비추었지.

"우와!"

"과연 프랑스야. 정말 아름다운 야경이야!"

폴 주교는 파리의 야경을 바라보며 감탄했어.

"원래 에펠 탑은 세운 후 20년 뒤에 철거할 계획이었지. 하지만 라디오 방송국이 생기는 바람에 철거를 막을 수 있게 되었단다."

그때 전망대 위쪽에서 음산하고 이상한 소리가 들려왔어.

세상 모든 악마들이여, 깨어나라! 이제 인간들을 노예로 삼고 우리가 이 세상의 주인이 되어야 한다!

그 목소리는 바로 가짜 폴 주교였어.

우리는 소리가 나는 쪽으로 살금살금 다가갔지. 잠든 악마들을 깨우기 위한 의식을 치르려는 폴 주교가 보였어.

프랑스 한눈에 알아보기

태양왕의 위엄은 얼마나 대단했을까?

프랑스에서 가장 강력한 왕권을 지녔던 왕은 루이 14세였어요. 루이 14세는 자신을 세상에서 가장 위대한 왕이라고 자랑하고 '태양왕'으로 불러 달라고 했어요.

루이 14세는 4세 때부터 나라를 다스리기 시작했대요. 그 후 72년 동안 유럽의 최강 대국 프랑스를 통치했지요. 루이 14세는 자신의 힘을 뽐내기 위해 무려 36,000명의 인부와 6,000마리의 말을 동원해서 베르사유 궁전을 지었어요. 베르사유 궁전이 완성되기까지는 24년이 넘게 걸렸지요. 베르사유 궁전을 짓는 일로 인해 민중의 생활이 매우 어렵고 힘들어졌지만 루이 14세는 아랑곳하지 않았다지요.

프랑스 혁명

루이 16세는 베르사유 궁전에 거주하면서 사치를 일삼았어요. 백성들은 먹을 것이 없어 고통받고 있는데 툭하면 세금을 올려받으려 했지요. 심지어 세금 인상을 반대하는 재상 네케르를 내쫓아 버렸어요. 이 사실을 알게 된 시민들은 1789년 7월 14일, 바스티유 감옥을 습격하였어요. 이후 프랑스 시민들이 모두 들고일어나 왕을 내쫓기로 하였지요. 이것이 바로 프랑스 혁명이랍니다.

프랑스 혁명과 마리 앙투아네트

마리 앙투아네트는 합스부르크 공국의 여제 마리아 테레지아의 딸이에요. 14세라는 어린 나이에 프랑스의 황태자인 루이 16세와 결혼해서 왕비가 되었지요. 낯선 나라로 시집온 마리 앙투아네트는 날마다 파티를 즐기고, 사치스러운 생활을 일삼았어요. 루이 16세가 무능하다 보니, 앙투아네트도 프랑스 민중의 삶엔 관심을 두지 않고 본인의 즐거움만을 추구했지요. 선대의 향락과 미국 독립 전쟁을 지원으로 이미 프랑스 재정은 어려웠던 상태이므로, 참다못한 시민들이 혁명을 일으킨 것이에요.

에투알 개선문

에투알 개선문은 프랑스 파리 샹젤리제 거리의 서쪽 끝, 샤를 드골 광장 한복판에 위치한 거대한 문이에요. 에투알 개선문은 1806년에 건축가 장 샬그랭에 의하여 처음 설계되었으며, 군중에게 최대한 애국심을 끓어오르게 하기 위하여 장대하고 우아한 느낌을 살려 만들었답니다. 병사들의 모습으로 장식된 프리즈(건축물의 외면이나 내면, 기구의 외면에 붙인 띠 모양의 장식물)로 꾸며진 옥상에는 프랑스 혁명과 나폴레옹 전쟁에서 프랑스가 거둔 주요 승리들을 새긴 방패 30여 개가 자리하고 있지요.

4장

뤽상부르 공원 탈출기

에펠 탑에서의 한판 승부

"당장 그만둬!"

소리를 친 건 폴 주교 유령이었어. 그래 놓고 폴 주교는 비겁하게 내 뒤로 쏙 숨어 버렸지 뭐야. 유령이 더 무서운 것 아닌가?

"지금 나를 막는 것이냐?"

가짜 폴 주교가 눈을 번뜩이며 나를 노려보았어. 그러자 잔 다르크가 사고의 몸속으로 들어갔지.

"네가 상대해야 할 것은 바로 나야!"

사고, 아니, 잔 다르크는 가짜 폴 주교를 공격했어. 악마들이 날아와 잔 다르크를 가로막았지. 퀴리와 유령 폴 주교가 악마들을 공격하기 시작했어. 나는 멀뚱멀뚱 그 모습을 보기만 했고.

"뭐 해, 넌 그냥 보고만 있을 거야?"

퀴리가 나에게 뭐든 해 보라고 했어. 그사이 악마 하나가 나를 향해 날아왔어. 나는 겁에 질려서 몸을 휙 피했지. 악마는 에펠 탑 난간에 머리를 쾅 박고 아래로 추락하고 말았어. 그 모습을 본 다른 악마들이 두 눈을 사납게 치켜뜨더니 으르렁거리며 나를 향해 날아왔지.

“나, 난 아무것도 안 했다고!”

내가 손을 휘저으며 악마들을 피해 계단을 내려갈 때였어. 잔 다르크가 가짜 폴 주교를 향해 막대기를 휘둘렀어. 가짜 폴 주교가 두 눈을 부릅뜨더니 레이저를 쏘았지.

그 순간 에펠 탑의 철근이 빠지직 소리를 내며 부서졌지 뭐야. 순간 에펠 탑이 기우뚱 기울었어.

“안 돼, 탑이 무너지면 우리 모두 다 죽는다고!”

내가 소리치자 잔 다르크는 가짜 폴 주교를 향해 막대를 집어 던졌어. 막대에 머리를 맞은 폴 주교가 툭 넘어지고 말았지. 그 틈에 퀴리가 폴 주교의 팔을 걸어 넘어트렸어. 진짜 폴 주교는 있는 힘껏 입김을 ‘후!’ 불어 가짜 폴 주교의 몸이 바닥으로 곤두박질치게 했어.

“끄아악!”

가짜 폴 주교가 에펠 탑 난간에 대롱대롱 매달리게 되었지. 그러자 나를 공격하려고 쫓아오던 악마들이 폴 주교를 구하기 위해 휘리릭 날아갔어.

그 틈에 퀴리가 재빨리 빛의 터널을 만들었어. 우리는 누가 먼저랄 것도 없이 빛의 터널 속으로 몸을 던졌지.

“후유, 살았다.”

빛의 터널을 통과하자 아주 으리으리한 정원이 나타났어. 산책로와 아름다운 꽃을 한눈에 볼 수 있었지.

“우와, 여긴 어디지?”

“여긴 뤽상부르 공원이란다.”

“음, 어디서 많이 들어 본 이름 같은데.”

“뤽상부르 공원은 뤽상부르 궁을 둘러싸고 있는 파리의 공원이자 정원이야. 키가 큰 나무들과 중앙에 화려하게 장식된 분수들, 그리고 멋지고 쾌적한 산책로까지 프랑스식 정원을 한눈에 볼 수 있단다."

유령이 된 폴 주교가 자신도 예전에 이곳을 자주 산책했다며 추억에 잠긴 듯한 표정을 지으며 말했어.

프랑스의 문화유산 이야기

궁전의 정원이었던 뤽상부르

뤽상부르 공원은 파리에서 가장 아늑한 시민 공원이에요. 공원 가운데는 커다란 분수와 호숫가가 있고 아름다운 꽃과 나무가 가득하지요. 여름철이면 수많은 프랑스 시민들이 공원을 찾아 햇볕을 쬐며 여가를 즐긴답니다. 공원 곳곳에는 유명 예술가들의 동상이 서 있어요.

움직이는 조각상

그때 땅딸막한 키에 이상한 모자를 쓴 조각상이 고개를 획 돌리더니 싱긋 웃음을 짓지 뭐야.

"바, 방금 봤어? 조각상이 웃었어!"

나는 사고 뒤로 숨으며 덜덜 떨었어. 그러자 사고가 눈살을 찌푸리며 나를 쓱 노려보지 뭐야.

"진짜라니까? 조각상이 나를 향해 웃었어."

"오빠도 참!"

사고가 말하고 있는데 조각상이 갑자기 모자를 벗더니 허리를 숙여 인사를 하지 뭐야.

"어서 오시게, 나의 정원으로."

"으아악!"

나는 겁이 나서 호들갑스럽게 나무 뒤로 숨었지. 그런데 사고는 아주 침착하게 조각상을 향해 물었어.

"나의 정원이라고요? 그럼 아저씨가 나폴레옹이란 건가요?"

"그래, 내가 프랑스의 황제 나폴레옹이란다. 이곳은 나의 뤽상부르 궁전에 딸린 정원이었는데 사람들을 위해 공원으로 사용할 수 있게 해 주었지."

조각상이 '쿵!' 소리를 내며 진열대 위에서 뛰어내렸어. 그러자 유령인 폴 주교가 갑자기 예의를 갖춰 인사를 하지 뭐야.

"저는 폴 주교라고 합니다, 나폴레옹 황제 폐하."

"오, 주교님이 여긴 어쩐 일로?"

바로 그때였어. 저 멀리 악마들이 날아오는 게 보였지. 악마들은 우리를 발견하자마자 더욱 속도를 냈어.

"으아아, 악마가 쫓아온다!"

나는 미로처럼 생긴 정원의 산책로를 달리기 시작했어. 그러자 나폴레옹 조각상도, 유령 폴 주교도, 잔 다르크와 사고, 그리고 퀴리도 나를 따라 뛰었지. 정원은 정말 복잡한 미로 같았어. 한참 달리다 보니 양 갈림길이 나타났어. 오른쪽으로 가야 할지 왼쪽으로 가야 할지 결정을 내릴 수가 없었어.

바로 그때 정원 한쪽에 있던 귀부인 조각상이 나폴레옹처럼 움직이지 뭐야. 귀부인 조각상은 커다란 구둣발로 우리를 뭉개 버리려고 했어.

"꺄악!"

나는 놀라서 조각상의 발을 피해 오른쪽으로 뛰었어. 나폴레옹 조각상도 나와 같은 쪽으로 뛰었어. 하지만 사고와 잔 다르크, 퀴리, 그리고 유령 폴 주교는 다른 쪽으로 갔지 뭐야.

나는 헉헉 숨을 몰아쉬며 나폴레옹에게 뭐든 해 보라고 소리쳤어.

"뭘 하란 말이냐!"

"나폴레옹은 엄청 용감한 황제가 아니었나요?"

"그렇긴 했지."

"그럼 조각상 괴물들을 무찔러 보라고요!"

"같은 조각상을 해치는 건 마음이 아파서 할 수 없을 것 같아."

나폴레옹이 망설이는 사이 공원 곳곳에 있던 조각상들이 살아나기 시작했어. 그것들은 모두 우리를 공격하기 시작했지. 이쪽으로 도망치면 거인 조각상이 쫓아오고, 저쪽으로 도망치면 말 조각상이 쫓아왔어.

"뭉치 살려!"

내가 소리를 지르며 뛰어다닐 때였어. 나와 함께 덩달아 뛰어다니던 나폴레옹이 뭔가 생각난 듯 걸음을 멈추었어.

"옳거니, 나는 이 나라의 황제이니 내 명령이라면 모두 듣지 않을까?"

"뭐든 해 보세요!"

"좋아!"

나폴레옹이 근엄한 표정을 짓더니 조각상들에게 명령했어.

"프랑스의 황제가 명령하노니 모두 멈추어라!"

순간 우리를 짓뭉개려던 조각상들이 우뚝 멈추어 섰어.

"오호, 과연 황제의 명령은 통하나 보군."

나폴레옹이 자신만만한 표정으로 씨익 미소를 지을 때였어. 갑자기 조각상들이 일제히 나폴레옹을 공격하지 뭐야.

말 조각상이 나폴레옹을 향해 돌진했어. 귀부인은 갖고 있던 귀걸이와 목걸이 따위를 마구 집어 던졌지. 나폴레옹은 말에 받혀 휙 날아오르고 귀부인의 공격에 툭 쓰러지고 말았어.

"괜찮아요, 아저씨?"

"아저씨가 아니라 나는 이 나라의 황제 나폴……."

나폴레옹 조각상의 어깨가 파사삭 부서져 버렸어. 그러자 악마들이 낄낄거리며 날아왔지. 악마들은 꼬리를 이용해 나폴레옹을 공격했어.

한편 우리와 다른 쪽으로 도망친 사고와 잔 다르크, 퀴리, 그리고 유령 폴 주교는 막다른 길에 갇혀 버리고 말았지 뭐야.

"이제 어떡하지?"

퀴리가 더 이상 도망갈 수 없다고 소리쳤어. 그러자 잔 다르크가 사고의 몸속으로 들어갔지. 잔 다르크는 엄청난 발차기로 악마들을 공격했어. 유령인 폴 주교는 수풀 속에 고개를 파묻은 채 벌벌 떨기만 했지.

"윽, 악마의 수가 너무 많아!"

"더는 못 버티겠어!"

잔 다르크와 퀴리가 말할 때였어. 나폴레옹이 자리에서 벌떡 일어나더니 허리춤에 차고 있던 돌칼을 꺼내 들었어. 그러고는 악마들을 향해 휙휙 휘두르기 시작했지.

처음에는 나폴레옹이 아무것도 할 줄 모르는 엉터리 조각상인 줄 알았는데, 이게 웬걸.

칼싸움의 달인이잖아!

나폴레옹이 휘두르는 칼에 정통으로 맞은 악마들이 파스스스 잿가

루처럼 사라지고 말았어.

"이 녀석들, 또 덤벼 봐라!"

나폴레옹은 엄청난 솜씨로 악마들을 공격했어. 그러자 기운을 차린 잔 다르크도 다시 악마들을 공격했지. 그사이 퀴리가 빛의 터널을 만들었어.

"다들 터널 안으로 들어와!"

그 말이 떨어지기 무섭게 가장 먼저 몸을 던진 건 유령 폴 주교였어.

그다음으로 내가, 그다음으로 퀴리와 사고가 들어왔고 가장 나중에 나폴레옹이 들어왔지.

우린 또 어디로 이동하는 걸까? 악마들을 제대로 무찌르지도 못하고 도망만 가는 것 같아.

프랑스 한눈에 알아보기

황제가 된 나폴레옹

'내 사전에 불가능이란 없다.'라는 말로 유명한 나폴레옹은 프랑스의 황제예요. 코르시카의 가난한 마을에서 태어난 나폴레옹은 군사 학교를 졸업하고 군인이 되었지요. 그 후 나폴레옹은 크고 작은 전쟁에서 큰 공을 세우고 영웅이 되었어요. 사람들은 나폴레옹이 황제가 되기를 원했어요. 덕분에 나폴레옹은 1804년 황제가 되어 프랑스를 다스리기 시작했답니다. 하지만 황제가 된 나폴레옹은 무리한 전쟁을 계속했어요. 전쟁에서 승리만 거두었다면 사람들의 원망이 덜했을 거예요. 하지만 계속 패배하게 되었고, 결국 민중들의 원성을 사 왕위에서 쫓겨나고 말았답니다.

나폴레옹이 세운 개선문

1805년 나폴레옹은 오스테리츠 전투에서 큰 승리를 거두었어요. 나폴레옹은 병사들의 사기를 올리고, 시민들에게 전쟁의 승리를 알리기 위해 커다란 문을 만들도록 지시했지요. 이렇게 해서 만들어진 것이 높이 50m, 폭 45m의 '개선문'이랍니다. 그런데 나폴레옹은 개선문을 통과하지 못했어요. 무리하게 일으킨 트라팔가르 해전에서 넬슨 제독에게 크게 패한 탓에 나폴레옹의 공을 기리기 위한 목적이었던 개선문 공사가 중단되었던 거예요. 그 후 나폴레옹은 엘바섬으로 유배를 당했다가 다시 돌아왔지요. 하지만 워털루 전투에서 패배하면서 이번에는 세인트헬레나섬으로 유배가게 되었고, 그곳에서 죽음을 맞이했답니다.

영국과의 백 년 전쟁

백 년 전쟁은 1337년부터 1453년까지 약 100년간 계속된 프랑스와 영국 사이의 전쟁이에요. 전쟁은 처음에 금방 끝날 것 같았지만 좀처럼 끝을 보지 못하고 무려 100년 동안이나 이어졌지요. 전쟁이 끝날 무렵 프랑스는 영국 땅인 노르망디 지역을 빼앗을 수 있었다고 해요. 그래서 지금도 노르망디 지역에 가면 영국식 문화가 남아 있답니다.

수도원에서 성으로, 성에서 감옥이 된 몽생미셸

몽생미셸은 수도사들이 관리하는 수도원이었다고 해요. 그런데 프랑스와 영국 사이에 '백 년 전쟁'이 벌어지자 프랑스 군인들은 수도원을 개조해 성으로 만들었지요. 그리고 18세기 후반에는 이 성을 감옥으로 사용했대요. 워낙 외딴곳에 있는 데다가 마음대로 오갈 수 없는 곳이라 감옥으로 썼던 거예요. 현재 몽생미셸 수도원은 프랑스 최고의 관광지로 손꼽히는 명소가 되었답니다.

잔 다르크여, 위기의 프랑스를 구하라!

그렇게 전쟁은 무려 116년이나 계속되었지요.
전쟁은 이제 그만! 지겹다, 지겨워!
우리도 마찬가지야!
주님, 부디 우리 프랑스를 지켜 주세요!
잔 다르크여, 나가 싸워라. 너만이 프랑스를 구할 수 있다.
저는 고작 여린 소녀일 뿐인데요?
넌 약하지 않다!
우리가 너를 지켜 줄 것이다!
그럼 힘을 내 볼게요.
불끈

천사의 계시를 들은 잔 다르크는
프랑스의 국왕 샤를 7세를 찾아갔어요.
성문을 여시오!
폐하, 저에게 갑옷과 말을 주소서.
어린 소녀가 무엇을 할 수 있다는 거냐?
저는 천사로부터 계시를 들었습니다. 저라면 프랑스 군을 승리로 이끌 수 있습니다.
웅성
웅성
폐하, 저 여자애는 농부의 딸일 뿐입니다.
폐하, 지금 프랑스의 군인들은 사기가 떨어져 싸울 힘조차 없습니다!
고작 열일곱 살짜리 여자애가 무슨 일을 하겠다는 것이냐?

이것들 보시오!
내 의견도 좀 들어주시오!
폐하는
그냥 가만히 계십시오!
샤를7세는 제대로 된 왕으로 인정받지 못하는 상황이었어요. 거기다 영국군은 날이 갈수록 공격이 더 심해지고 있었지요.
폐하, 제가 영국군을 내쫓고 폐하가 왕위를 계승할 수 있도록 돕겠습니다.
정말? 내가 너에게 무엇을 주면 되겠느냐?
저에게 갑옷과 말, 칼, 그리고 프랑스 왕의 명령을 상징하는 깃발을 주십시오.

그래, 좋다!
폐하! 안 됩니다!
자신 있게 말하는
소녀의 말을 믿어 봅시다!
깃발을 내어 주어라!
어차피 실패하면 그만이고
성공하면 이보다 더 좋은 일은
없는 것 아니겠소?
그럴 수도 있겠네요.
꼭 승리하겠습니다.
저 어린 여자애는 뭐지?

왕의 깃발을 들고 있는데?
그거 어디서 훔쳤니?
나는 이제부터
너희들을 이끌 잔 다르크다.
나의 명령은
곧 국왕의 뜻이기도 하다.
모두 진격하라!
에이, 우리가 바보도 아니고
어떻게 너처럼
어린애의 말을 듣겠어?
푸히힝
나는 천사로부터
계시를 받았다!
앗!
눈부셔!
저건 신의 빛이야!
진짜 천사의 계시를
받은 소녀인가 봐!
나를 따르시오!
진격하시오!
무조건
따라가자!
와아아

영국
칼레
파리
랭스
오를레앙
보르도
잔 다르크는 오를레앙에 있던 영국군을 격파했어요.
그리고 샤를 7세가 대관식을 할 수 있도록 랭스까지 진격했지요.
돌격, 앞으로!
승리는 우리 것이다!
우리 프랑스는 천사가 보낸 소녀가 함께하고 있다.
영국군 따위가 우리를 이길 수는 없어!
무조건 돌격!
잔 다르크가 이끄는 군대는 계속해서 승리를 거두었어요.
프랑스가 왜 이렇게 강해졌지?
말도 안 돼!

그 덕분에 샤를 7세는 정식으로 대관식을 거치고
왕이 될 수 있었답니다.
이러다 잔 다르크에게
모든 권력을 빼앗기겠어요.
잔 다르크를 없애야 해요.
폐하, 백성들이 폐하의 말보다
잔 다르크의 말을 더 믿고
따른다고 합니다.
당장 잔 다르크를
없애야 합니다.
꼭 그렇게까지
해야 할까?
권력을
다 뺏기고 싶으세요?
조, 좋다.
잔 다르크를 화형에 처해라!
흐흐흐
이렇게 잔 다르크는 영웅에서 마녀로 평가되어
결국 화형에 처해졌지요.
흐흐흐, 눈엣가시 같은
잔 다르크를 한번에
없앨 수 있게 되었군.

5장

흑사병이 세상을 뒤덮다

잘못된 시간 이동

빛의 터널을 지나자 어느 한적한 농촌 마을이 나타났어.

나는 스마트폰으로 시간을 확인하려 했지. 그런데 스마트폰 신호가 잡히지 않았어.

"엇, 스마트폰이 먹통이야."

"그러고 보니 뭔가 낯설어. 어디로 온 거지?"

사고도 뭔가 이상하다며 고개를 갸웃했어. 그러자 퀴리가 머리를 긁적이며 말했지.

"아무래도 내가 빛의 터널을 너무 급하게 만드는 바람에 엉뚱한 곳으로 오게 된 것 같아."

"엉뚱한 곳?"

"그래, 현재 프랑스가 아니라 예전의 프랑스로 온 것 같아."

퀴리가 말할 때였어. 갑자기 마을 사람들이 낫과 호미, 몽둥이, 빗자루 등을 들고 나타났어. 마을 사람들은 우리를 매섭게 노려보더니 당장 이곳에서 떠나라고 소리쳤어.

"우, 우리한테 왜 이러세요?"

내가 억울한 표정으로 소리치자 마을 사람들이 우리를 공격하려는 듯 무기를 꽉 움켜쥐고 다가왔어.

"으악!"

나는 놀라서 뒤로 움찔 물러섰어.

"우린 너희의 정체를 알고 있다!"

"우리 정체요?"

사고가 묻자 마을 사람들이 우리를 노려보며 말했어.

"그래, 너희는 무시무시한 병을 퍼트리는 악마들이잖아! 다른 마을에 이어 우리 마을까지 무시무시한 저주의 병을 퍼트리려고 온 거지?"

"아니에요! 우린 그냥 여행을 다니는 중이었다고요."

"거짓말하지 마! 아비뇽에서 온 거 아니야?"

"무슨 뇽이요? 일인용, 이인용은 들어 봤는데……."

나는 딴청을 피웠어.

자세히 보니 사람들의 얼굴은 두려움에 가득 차 있었어.

프랑스의 문화유산 이야기

세계 유산의 도시 아비뇽

아비뇽은 교황청이 있던 도시예요. 프랑스의 다른 지역은 모두 왕이 다스렸지만, 아비뇽만큼은 1791년까지만 하더라도 교황이 다스렸대요. 그런데 프랑스 혁명 이후 교황 대신 프랑스 정부가 다스리게 되었다고 해요. 아비뇽은 도시 전체가 유네스코 세계 유산으로 지정되었을 만큼 아름답고 가치 있는 도시랍니다.

죽음의 마을

나는 당장 퀴리에게 새로운 빛의 터널을 만들면 안 되느냐고 속삭였지. 그러자 퀴리는 에너지가 바닥났기 때문에 곧장 빛의 터널을 만드는 건 어렵다고 했어.

"그럼 어쩌지?"

내가 불안한 표정을 지을 때였어. 사고가 목소리를 가다듬더니 엄청 가식적이고, 엄청 친절한 말투로 사람들에게 말했지.

"어머, 정말 잘됐다! 저희는 사람을 치료할 수 있어요. 아픈 사람이 있다면 저희에게 보여 주세요."

"저, 정말?"

"네, 저희는 아픈 사람들을 찾아 여기저기 다니는 중이었어요."

사고의 거짓말에 사람들은 한결 경계를 누그러트렸지. 덕분에 우리는 사람들을 따라 마을로 갈 수 있었어.

"아픈 사람들은 어디 있나요?"

"한집에 모아 두었단다. 그런데 겁이 나서 안으로 들어갈 엄두조차 내지 못하고 있어. 그 사람들은 악마의 저주를 받은 게 틀림없어."

사고는 사람들에게 왜 악마의 저주를 받았다고 생각하는 거냐고 물었어.

"그건 얼굴 빛깔 때문이야. 병에 걸린 사람들은 얼굴이 시커멓게 변하고 매우 고통스러워하다가 죽고 만단다. 이웃 마을 사람들은 거의 다 저주에 걸려 죽었다더군. 이제 우리 마을도 끝장나고 말 거야."

마을 사람들이 힘없이 고개를 떨구었어. 모든 걸 포기한 듯한 표정이

었지.

"아니에요, 우리가 나을 수 있도록 도와줄게요."

사고가 먼저 병든 사람들이 모여 있는 곳으로 들어갔어. 나는 겁이 났지만, 동생인 사고를 혼자 보낼 수가 없었지.

"사, 사, 사고야, 가, 같이, 가!"

문을 열고 들어가자 엄청난 악취가 풍겼어. 집 안은 지저분하기 그지없었어. 몇 달 동안 제대로 청소를 하지 않은 것 같았지. 게다가 환자들은 제대로 씻지 못해서 그런지 가까이 가기도 싫을 정도로 지독한 냄새가 났어.

"윽, 냄새! 이런 환경이라면 없던 병도 생기겠다."

내가 중얼거리자 나폴레옹이 콧구멍을 벌름거렸어.

"무슨 냄새를 말하는 거냐? 킁킁, 나는 아무 냄새도 나지 않는데?"

"아저씨는 동상이니까 냄새를 맡지 못하는 거잖아요."

"나도 별 냄새가 나지 않는 것 같아."

폴 주교가 끼어들었어.

"주교님은 유령이니까 냄새를 못 맡는 거죠!"

그때 병든 환자 한 명이 우리를 향해 물을 달라고 애원했어. 사고는 주변을 두리번거리다가 물통을 찾아냈지. 그런데 물통 속에 든 물은 사람이 먹을 수 없을 정도로 더러웠어.

“우선 깨끗한 물부터 구해야 할 것 같아.”

사고가 문밖으로 나오자 마을 사람들이 움찔하고 뒤로 물러섰어.

“환자들에게 깨끗한 물을 주어야겠어요. 물을 구하려면 어디로 가야 하죠?”

“이 마을엔 깨끗한 물이 없어.”

“네?”

사고와 나는 마을을 다시 한번 살펴보았어. 마을은 정말 더럽기 그지없었지. 개똥, 고양이 똥, 쥐똥 등이 여기저기 굴러다녔어. 집 안 천장은 물론이고 창고, 화장실, 광장 등등 어디든 쥐 떼가 몰려다니지 뭐야.

“솔직히 이 마을에서 가장 깨끗한 곳보다 내 방이 100배, 아니 1000배는 더 깨끗할 것 같아.”

“그걸 말이라고 해?”

사고가 나를 힐끗 노려보았어.

“대체 왜 이렇게 더러운 생활을 하는 거지?”

내가 코를 틀어막으며 중얼거리자 잔 다르크가 대꾸했어.

“이때 사람들은 깨끗한 생활이 왜 중요한지 몰랐기 때문이야.”

“지금 마을 사람들이 앓고 있는 병은 악마의 저주가 아니라 흑사병이라는 거야. 쥐가 퍼트리는 전염병이지.”

퀴리는 마을 사람들이 깨끗함의 중요성을 모르기 때문에 병에 걸리면 무조건 저주에 걸린 거로 생각하는 것 같다며 한숨을 지었어.

"그럼 어떡하지?"

"우선 마을 사람들을 구해야지. 최대한 깨끗한 물을 구해서 끓인 다음 아픈 사람들에게 먹여야 해. 그리고 마을도 청소해야지."

사고는 마치 대장처럼 나와 나폴레옹에게 마을을 청소하라고 명령했어. 그리고 잔 다르크와 퀴리에게는 깨끗한 물을 구하러 가자고 했어.

"나는 뭘 하지?"

폴 주교가 머리를 긁적였어.

"주교님은 유령이라서 아무것도 할 수 없잖아요. 그러니까 아픈 사람들을 위해 기도해 주세요."

"그거 좋은 생각이로군!"

우리는 마을 사람들을 위해 청소를 하기 시작했어. 그러나 사람들은 우리가 청소하는 것을 달가워하지 않았어.

"아픈 사람들을 치료해 주겠다고 하더니 청소는 왜 하는 거야?"

"지금 청소가 중요한 게 아니라고."

사람들이 내게 따지듯 말했어. 나는 그런 마을 사람들에게 병에 걸리지 않으려면 깨끗하게 생활해야 한다고 설명해 주었어.

프랑스의 역사 이야기

흑사병은 정말 악마의 저주였을까요?

14세기 무렵 유럽에는 흑사병이 유행했어요. 1348년 프랑스의 아비뇽에서부터 흑사병이 시작되었는데, 그로 인해 무수하게 많은 사람이 죽었다고 해요. 흑사병의 원인은 쥐와 벼룩이 퍼트린 바이러스 때문이래요. 이 당시 흑사병 치료약이 없었기 때문에 대부분 죽음을 맞이했어요. 그래서 사람들은 흑사병이 악마가 퍼트리는 병이라고 생각하며 두려워했대요.

"그런다고 악마의 저주를 피할 순 없다고."

"맞아, 이 병은 악마의 저주야."

"후유, 그런 게 아니라니까요? 세상에 악마의 저주 같은 게 있을 리 없잖아요."

내가 답답한 듯 가슴을 치며 말할 때였어. 물을 구하러 갔던 사고와 잔 다르크, 퀴리가 돌아왔어. 사고는 조약돌을 이용해 간단한 정수기를 만든 다음 물을 걸러 내고 그걸 다시 끓여 먹으면 사람들이 병에 걸리지 않을 거라고 했어.

"정말 물이 깨끗해졌어."

"솔직히 말해. 네가 이상한 마법으로 물을 깨끗하게 만든 거지?"

사람들은 두려움에 가득 찬 표정으로 사고를 보았어. 사고는 아주 간단한 과학으로 물을 깨끗하게 만들었을 뿐이라고 설명했지만, 사람들은 그 말을 믿으려 하지 않았어.

"저 아이는 마녀가 틀림없어!"

"그래, 우리에게 마법을 걸어 병에 걸리게 만들려는 마녀인 거야!"

"마녀를 잡아라!"

사람들은 사고와 우리를 붙잡더니 창고에 가두어 버렸어.

"애써 마을을 청소하고 깨끗한 물을 만들어 준 보람도 없이 이게 뭐야! 이제 우린 어떡해!"

내가 볼멘소리를 하자 잔 다르크가 한숨을 내쉬었어.

"예전이나 지금이나 사람들은 달라진 것이 없구나……."

그때 창고 문밖에서 마을 사람들이 누군가에게 인사하는 소리가 들려왔어.

"주교님, 어서 오세요!"

"주교님의 말씀이 딱 맞았어요. 이상한 아이들이 나타나서 마법을 부릴 거라더니 그 말이 진짜였어요!"

나는 문틈에 바짝 붙어 바깥을 내다보았어.

"흐흐, 그래서 지금 그 아이들은 어디 있지?"

문틈 사이로 주교라는 사람의 모습을 확인할 수 있었어. 그 사람은 틀림없이 내가 보았던 악마였어.

"헉, 어떡하지? 마을 사람들이 악마에게 속아 넘어간 것 같아!"

나는 사고와 잔 다르크, 나폴레옹, 그리고 유령인 폴 주교에게 당장 이곳에서 도망쳐야 한다고 말했어.

프랑스의 남부는 어떤 곳일까?

프랑스의 남부 지방은 한겨울에도 기온이 18도 밑으로 내려가지 않을 정도로 따뜻하다고 해요. 게다가 프랑스 남부는 지중해 바다에서 불어오는 뜨거운 바람 덕분에 포도와 올리브 등이 아주 잘 자라지요. 덕분에 프랑스 남부에는 포도주를 생산하는 세계적인 포도주 공장들이 많아요.

프랑스 프로방스 지방

프로방스는 라벤더 꽃이 아주 유명해요. 강렬한 태양이 일 년 내내 함께하는 프로방스는 예술가들이 아주 사랑한 지역이기도 해요. 프로방스 지방의 소도시인 아를은 반 고흐와 세잔 같은 화가들이 머물며 아름다운 그림을 그렸고, 알퐁스 도데 역시 프로방스 지방을 배경으로 아름다운 소설 『별』을 썼답니다.

프로방스 지방에는 매년 전 세계인의 주목을 받는 칸 영화제가 열리는 칸, 해변 도시 니스, 2500년의 역사를 자랑하는 항구 도시 마르세유, 유명인들이 사람들의 시선을 피해 여름 휴가를 지내는 생 트로페즈, 교황이 프랑스 왕의 권위에 눌려 지내던 아비뇽 등 매력 넘치는 도시가 있답니다. 일 년 내내 15도 정도의 쾌적한 기온이 유지되는 니스에서는 매년 2월 니스 카니발이 열려요. 이 카니발은 벌써 100년이 넘는 역사를 지녔을 정도로 유명하답니다.

세계적인 무역항 마르세유

마르세유는 프랑스에서 두 번째로 큰 도시예요. 온화한 기후 덕분에 프랑스에서 햇볕이 가장 잘 드는 도시로 알려졌지요. 마르세유는 기원전 600년부터 사람들이 살았다고 해요. 덕분에 오래된 거리, 성, 교회, 박물관이 거리 곳곳에 즐비하지요. 마르세유를 대표하는 것 중 하나로 '사봉 드 마르세유'라고 불리는 비누를 꼽을 수 있어요. 마르세유에서 가장 유명한 관광 상품 중 하나랍니다. 마르세유는 1년에 300일 이상 쨍하게 햇빛이 비치기 때문에 포도와 올리브가 아주 많이 자라요. 그러니 이것을 주성분으로 한 비누가 품질이 좋을 수 밖에요.

마르세유의 상징인 노트르담 드 라 가르드 성당

높은 언덕에 세워진 이 성당에서 마르세유 시내를 바라보면 한눈에 넓은 도시를 볼 수 있어요. 성당의 종탑 꼭대기에는 황금색 성모 마리아 상이 있는데, 이것은 바닷일을 하는 사람들이 풍랑에 휩쓸리지 않기를 기도하는 마음으로 세운 것이라고 해요. 19세기 신 비잔틴 양식의 영향을 받은 웅장한 종교 건축물로, 내외부가 줄무늬처럼 보이는 채색 대리석과 금도금상, 모자이크로 화려하게 꾸며져 있답니다.

6장

수도원의 미스터리

수도원의 비밀

"어떡하지? 당장 빛의 터널을 만드는 건 불가능해."

퀴리는 힘이 아직 제대로 보충되지 않았다고 말했어.

결국 사고와 나, 그리고 나폴레옹과 잔 다르크, 퀴리, 유령인 폴 주교는 마을 사람들을 피해 뛰어야만 했지. 우리는 젖 먹던 힘까지 다해서 뛰고 또 뛰었어. 그렇게 얼마나 뛰었을까. 우리를 쫓아오던 사람들의 모습이 보이지 않았어.

"헉, 헉, 이제 더는 따라오지 못하는 것 같아."

유령인 폴 주교가 헐떡거리며 말했어.

"주교님은 유령이라서 뛰는 게 힘들지 않잖아요."

"헉, 헉, 그렇지! 참!"

폴 주교가 헐떡이던 숨을 멈추었어. 그때 마침 어디선가 은은하고 맑은 종소리가 울려왔지.

"엇, 어디서 나는 소리지?"

내가 두리번거리자 잔 다르크가 주변을 살피더니 말했어.

"이 근처에 수도원이 있는 것 같아. 일단 수도원으로 가서 잠깐 몸을 피하는 건 어때?"

"수도원에서 우릴 받아 줄까?"

사고가 묻자 폴 주교가 어깨에 힘을 주더니 으스대며 말했어.

"당연히 받아 주지. 내 이름을 대면 그 어떤 수도원에서든 환영해 줄 거야."

우리는 근처에 있는 낡은 수도원으로 가게 되었지. 수도원에는 엄청나게 큰 나무통들이 널브러져 있었어.

"이 시큼털털한 냄새는 뭐죠?"

"이건 포도주 냄새란다. 프랑스 수도원의 수도사들은 포도주 제조를 하곤 했지. 한때는 수도사들의 중요한 임무 중 하나가 바로 잘 익은 포도를 이용해 포도주를 만드는 것이었단다."

우리는 주위를 기웃거리며 수도원 안쪽으로 걸어갔어. 그러자 원장 수녀님이 우리를 향해 인사했어.

"폴 주교님이 보낸 사람들이라고요? 어서 들어오세요!"

프랑스는 지형과 토양, 기후 등 와인 생산에 필요한 조건이 완벽하게 갖추어져 있어요. 거기다가 역사도 오래되어 와인 문화도 상당히 발달되어 있답니다.

수도원의 원장 수녀님은 아주 인자한 미소를 지닌 분이었어. 그분은 우리를 위해 먹을 것까지 준비해 주셨지.

“잠깐 기다리시면 식사를 준비할게요. 그 전에 간식을 드시겠어요?”

“간식이라고요?”

나는 눈을 반짝이며 물었어. 밤새 악마들을 피해 여기저기 도망을 다녔더니 허기져서 견딜 수가 없지 뭐야.

“호호, 그래요. 잠시만 기다리세요.”

원장 수녀님은 아주아주 맛있게 생긴 과자를 가져왔어.

“엇, 마카롱이다!”

마카롱은 나랑 사고가 제일 좋아하는 간식이기도 했지.

“마카롱에 대해 알고 계시나요? 이것은 사실 수녀들이 비밀리에 만들어 먹는 간식이라 바깥사람들은 잘 모르는데.”

“아!”

내가 머뭇거리자 사고가 얼른 재치 있게 말했어.

“저희가 잘 아는 수녀님께서도 마카롱을 간식으로 종종 만들어 주셨거든요.”

“오호, 그렇군요.”

사고가 아니었다면 우리가 빛의 터널을 지나 과거의 프랑스로 왔다는 사실을 들킬 뻔했지 뭐야.

내가 가슴을 쓸어내릴 때였어. 먹음직스럽고 달콤한 마카롱 향기가 내 코끝으로 파고들었어. 나는 코를 벌름거리며 마카롱을 한입 베어 물었지. 순간 온몸이 녹아내릴 듯 달콤한 크림이 입안 가득 퍼지지 뭐야.

"아, 맛있다!"

사고도, 잔 다르크도, 퀴리도, 그리고 나폴레옹도 주섬주섬 마카롱을 주워 먹었어. 그렇게 얼마나 시간이 지났을까. 갑자기 졸음이 쏟아지지더라고. 나는 천근만근 무거워진 눈꺼풀을 깜빡거렸어.

프랑스의 문화 이야기

마카롱의 역사

마카롱이 최초로 어디서 어떻게 만들어졌는지는 정확하게 알려져 있지 않아요. '마카롱'이라는 단어가 최초로 등장한 것은 프랑스 르네상스 시대의 유명한 작가였던 프랑수아 라블레가 1558년에 쓴 기록이지요.

1800년대 프랑스에서는 수도원의 수녀들이 고기를 먹을 수 없게 되자 부족한 영양을 보충하기 위해 마카롱을 만들어 먹었다고 해요.

폴 주교의 음모

"엇, 사고는 벌써 잠들었네?"

내 앞에 쓰러져 있는 건 사고뿐만이 아니었어. 잔 다르크도, 퀴리도, 그리고 나폴레옹도 뻗어 버린 상태였지.

"아…… 왜 이렇게 잠이 쏟아지는 거지?"

내가 꾸벅꾸벅 잠에 빠져들려 할 때였어. 유령인 폴 주교가 내 귀에다 대고 "안 돼, 제발 일어나!"라고 소리쳤어. 나는 무슨 일인가 하고 눈을 치켜뜨려 했지. 하지만 졸음 때문에 무거워진 눈꺼풀이 좀처럼 움직이지 않았어.

그사이 목소리가 울려왔지.

"폴 주교님, 주교님의 이름을 팔아 수도원에 숨어든 악당들을 붙잡아 두었습니다. 마카롱에 약을 탔더니 그걸 먹은 놈들이 세상모르고 잠들었어요."

그건 원장 수녀님의 목소리였어.

"흐흐흐, 잘했다."

그리고 원장 수녀님에게 대꾸하는 건 가짜 폴 주교, 바로 악마였지. 나는 어떻게든 잠을 깨려고 이를 악물었어. 하지만 약이 든 마카롱 때문인지 좀처럼 정신을 차릴 수가 없었어.

"아…… 안…… 되는데."

결국 나도 쓰러지고 말았어.

그사이 우리 앞으로 성큼 다가온 가짜 폴 주교가 비열한 미소를 지으며 말했어.

"흐흐, 너희는 이곳에서 영영 사라져 주어야겠다."

가짜 폴 주교가 휘파람을 불었어. 그러자 수도원 곳곳에 숨어 있던 악마들이 나타났지.

"이것들을 없애도록 해."

가짜 폴 주교의 명령이 떨어지기 무섭게 악마들이 우리를 공격하려 했어. 바로 그때였어. 나폴레옹이 벌떡 일어나더니 칼을 휘두르며 맞섰지 뭐야.

"에잇, 어떻게 깨어난 거지?"

가짜 폴 주교가 악마들에게 나폴레옹을 공격하라고 명령했어. 그러자 나폴레옹이 커다란 칼을 휘두르며 가소로운 듯 웃음을 터트렸어.

"난 돌조각이라고. 내게 이런 약 따윈 통하지 않아!"

나폴레옹이 악마들을 공격하는 사이 유령인 폴 주교는 우리의 귀에다 대고 고래고래 일어나라고 고함을 질렀어. 얼마나 크게 고함을 질렀는지 귀가 먹먹해서 머리가 아플 정도였지.

"그만 좀 떠들어요, 일어났다고요!"

나는 귀를 틀어막으며 부스스 눈을 떴어. 그때 사고의 몸으로 들어간 잔 다르크가 나폴레옹을 도와 악마들을 무찌르기 시작했지.

"얍!"

사고, 아니, 잔 다르크가 엄청난 발차기 실력으로 악마를 걷어찼어. 악마는 힘없이 바닥으로 내동댕이쳐지고 말았지. 그때 내 눈에 거대한 구멍 하나가 보였어. 그것은 낡은 수도원 벽에 난 구멍이었는데, 그 속에서 악마들이 나오고 있었어.

"엇, 저 구멍에서 악마들이 밀려오고 있어!"

"이렇게 싸우기만 해서는 악마들을 이길 수 없어!"

잔 다르크는 구멍을 막는 방법을 찾아야 한다고 외쳤어. 하지만 악마들이 계속 밀려 나오고 있는 구멍을 무슨 수로 막아야 할지 뾰족한 방법이 떠오르지 않았지.

그때 나폴레옹이 구멍 쪽으로 달려가며 말했어.

"저 구멍이 내 엉덩이 사이즈하고 딱 맞는 것 같아. 얘들아, 내가 구멍을 틀어막을 테니 너희는 얼른 빛의 터널을 만들어서 도망치도록 해.

서둘러!”

“그럼 나폴레옹은 어떡하려고요?”

“난 괜찮아. 너희라도 무사히 돌아가서 악마를 막도록 해.”

그렇게 말한 나폴레옹은 구멍으로 엉덩이를 들이밀었어. 신기하게도 나폴레옹의 엉덩이는 구멍 사이즈에 정말 딱 들어맞았지.

"퀴리, 어서 빛의 터널을 만들어!"

잔 다르크가 외쳤어. 퀴리는 얼마 안 남은 힘을 짜내 빛의 터널을 만들었지. 수도원 바닥에 작은 빛의 터널이 생겨났어.

사고는 잔 다르크와 함께 빛의 터널로 뛰어들었어. 다음은 유령인 폴 주교가 뛰어들었고. 하지만 나는 차마 나폴레옹을 남겨 두고 갈 수가 없었어.

"나폴레옹……."

내가 망설이자 퀴리가 "시간이 없어!"라며 손을 잡아당겼어. 결국, 우리는 나폴레옹만 빼놓고 빛의 터널 속으로 들어가야 했지.

프랑스의 음식 문화

프랑스산 와인의 대표 생산지 보르도

보르도는 프랑스 와인의 생산지예요. 이 지역에서 만들어지는 와인은 매우 진한 자주색 빛을 낸답니다. 보르도 지방의 땅은 바닷가의 짠 소금기와 가론강에서 흘러나오는 맑은 물이 만나 윤기가 흐른답니다. 덕분에 굵고 붉은 포도가 많이 생산되지요. 보르도에서는 포도뿐만 아니라 아스파라거스도 많이 자라고 있어요. 이 지역에서 나는 아스파라거스는 보라색 빛깔을 띠는 것이 특징이에요.

프랑스 사람들이 좋아하는 에스카르고

프랑스 사람들은 달팽이 요리인 에스카르고를 즐겨 먹어요. 우리나라 사람들은 달팽이를 즐겨 먹지 않으니 생소한 음식 재료를 보고 '윽!' 할 수 있겠지만, 프랑스 사람들에게 달팽이는 아주 귀하고 고급스러운 요리 재료랍니다. 고대 그리스와 로마 시대에도 달팽이 요리는 귀족들만 먹을 수 있는 최고급 요리였다고 해요.

전 세계 맛집을 소개하는 《미슐랭 가이드》

《미슐랭 가이드》는 원래 자동차 운전자를 위한 잡지였어요. 그런데 이 잡지에서 맛있는 식당을 소개하면서부터 유명해지기 시작했지요. 《미슐랭 가이드》는 맛집을 돌아다니며 점수를 매기는 평가단이 따로 있어요. 지금도 미슐랭 평가단은 전 세계의 음식점을 돌아다니며 맛을 보고 별점을 매기지요.

우리나라의 밥이나 마찬가지인 바게트

우리나라 사람들의 주식은 밥이고, 프랑스 사람들의 주식은 밀로 만든 빵이에요. 그중에서도 바게트는 프랑스의 대표적인 빵이지요. 우리나라 사람들은 딱딱한 바게트를 즐겨 먹지 않지만, 프랑스 사람들은 치즈나 잼 등을 곁들여 밥처럼 먹는 것을 즐긴답니다. 우리나라 사람들의 식탁에 밥과 김치, 찌개나 국이 빠지지 않는 것처럼 프랑스 사람들에겐 바게트가 빼놓을 수 없는 음식이에요.

7장

로댕 아저씨, 부탁해요!

로댕 아저씨와의 만남

우리는 빛의 터널을 빠져나왔어.

"우아, 정말 아슬아슬했어."

퀴리는 에너지가 다 채워지지 않은 상태였기에, 하마터면 빛의 터널을 열지 못할 뻔했다며 가슴을 쓸어내렸어.

나는 나폴레옹을 떠올리며 걱정스러운 표정을 지었지. 내 마음을 눈치챈 잔 다르크가 위로하듯 말했어.

"걱정하지 마. 나폴레옹은 무사할 거야."

"정말 그렇겠지?"

그러자 어딘가에서 틱틱, 톡톡 소리가 들려왔어. 대체 어디서 들려오는 소리일까. 나는 주변을 두리번거렸어. 그러자 거대한 돌을 조각 중인 사람이 보였지.

"너희는 누구냐?"

조각가의 눈에는 나와 사고밖에 보이지 않는 상태였어. 요정 잔 다르크도, 퀴리도, 그리고 유령인 폴 주교도 눈에 보일 리 없겠지.

"저, 저는 뭉치. 이쪽은 제 동생 사고라고 해요."

나는 머리를 긁적이며 애써 웃음을 지었어.

"어? 너희 둘 말고 다른 사람들도 있었잖니."

"네?"

"이상하다, 틀림없이 목소리를 들었는데."

"그, 그럴 리가요! 아까부터 쭉 저희 둘만 있었는걸요."

내가 어색한 웃음을 짓자 조각가 아저씨는 머리를 긁적였어. 나랑 사고는 아저씨의 신경을 다른 데로 돌리려고 애써 들뜬 목소리로 말했지.

"어머! 근데 여긴 뭐 하는 곳이에요?"

"아저씨, 조각을 만들고 계셨나 봐요!"

"그래, 난 지금 〈칼레의 시민들〉이라는 조각 작품을 만드는 중이란다. 난 백 년 전쟁 당시 칼레에서 있었던 이야기를 듣고 아주 큰 감명을 받았거든."

"칼레에서 무슨 일이 있었는데요?"

"칼레라는 도시는 아주 작고 평화로운 곳이었어. 그런데 영국군에게 포위당하고 말았지. 영국의 왕 에드워드 3세는 칼레 사람들이 영국에

항복하지 않고 싸웠다는 것이 무척 괘씸했나 봐. 에드워드 3세는 칼레 시민들을 모조리 죽이겠다고 협박했지."

조각가 아저씨의 말에 잔 다르크가 속삭였어.

"아, 나도 그때 일이라면 잘 알고 있어. 사람들은 에드워드 3세에게 아이와 여자들만은 살려 달라고 빌었지. 그러자 에드워드 3세는 마을 사람들을 대신해서 목숨을 던질 수 있는 사람이 여섯 명만 있다면 사람들을 살려 주겠다고 했지. 그래서 여섯 명의 사람이 나서서 다른 시민들을 대신해 자신의 목숨을 바쳤다고 해."

"정말? 대단하다!"

내가 잔 다르크의 말에 눈을 휘둥그레 치켜뜨자 조각가 아저씨가 헛

프랑스의 문화 이야기

영국과 프랑스 문화가 섞인 칼레

칼레에서 도버 해협만 건너면 영국 땅이랍니다. 도버 해협은 34㎞ 남짓밖에 되지 않아요. 지금은 해저 터널을 통해 자동차로 30분이면 갈 수 있는 거리랍니다. 이렇게 국경이 맞닿아 있는 탓에 칼레는 영국과 프랑스가 서로 차지하려고 숱하게 전쟁을 일으켰지요. 덕분에 칼레 곳곳에는 영국 문화와 프랑스 문화가 뒤섞여 있답니다.

기침했어.

"뭐가 대단하다는 거지?"

"아, 영국 왕이 마을 사람들을 모두 죽이려고 했다면서요. 그게 대단히 나쁘다고요! 그런 뜻이었어요."

사고가 재빨리 말을 가로챘어. 덕분에 내가 잔 다르크와 이야기를 주고받았다는 사실을 들키지 않을 수 있었지.

"그나저나 아저씨, 혹시 이름이 로댕인가요?"

사고는 조각가 아저씨의 조각을 자세히 살펴보더니 고개를 갸웃거리며 물었어.

"헉, 나를 어떻게 알지?"

"맙소사, 아저씨는 프랑스 최고의 조각가잖아요!"

프랑스의 인물 이야기

프랑스를 대표하는 조각가 로댕

로댕은 작품을 만들 때 인상 깊은 이야기나 그림을 보고 조각을 즐겨 만들었지요. 로댕의 대표 작품 중 제일로 꼽히는 건 〈지옥의 문〉이라는 작품인데, 이것은 단테의 서사시인 『신곡』을 읽고 감명받아 만든 작품이랍니다. 또 〈칼레의 시민들〉 역시 칼레의 역사를 읽고 만든 것이지요. 우리에게 가장 익숙한 작품은 바로 〈생각하는 사람〉이랍니다.

마지막 결투

아무래도 에너지가 부족했던 퀴리가 빛의 터널을 잘못 연 모양이야. 우리는 로댕이 살았던 시대로 왔던 거지.

"내가 좀 조각상을 잘 만들긴 해."

로댕이 뽐내듯 말했어. 그 모습을 본 사고는 혹시 사람의 모습을 똑같이 조각할 수도 있느냐고 물었어.

"당연하지! 난 그 누구의 모습이라도 똑같이 조각할 수 있단다."

로댕이 으스댔어. 나는 사고의 옆구리를 쿡 찌르며 대체 누구의 모습을 조각하려는 거냐고 물었지.

"폴 주교의 모습을 조각상으로 만드는 거야."

"갑자기 왜?"

"지금은 악마가 폴 주교의 몸을 차지하고 있잖아. 그런데 악마를 속여서 조각상이 폴 주교의 진짜 몸인 것처럼 속인다면 어떻게 될까?"

"악마가 조각상 속으로 들어갈 수도 있다는 뜻이야?"

"빙고!"

사고는 로댕에게 폴 주교의 모습을 아주 자세히 설명해 주었어. 그러자 옆에 쪼그리고 있던 폴 주교가 자기 조각상을 기왕이면 더 늠름하고 키도 크고 멋지게 만들어 줄 순 없느냐며 자꾸 끼어들었지.

"지금 내 키보다 조금만 더 크게 만들어 줘. 근육도 더 빵빵하게 있으면 좋겠어. 똥배는 없애 주길 바라."

"그럼 가짜인 게 티가 나잖아요."

"맞아, 그러면 악마가 속겠어요?"

나와 사고가 동시에 폴 주교를 향해 핀잔을 늘어놓았어.

"힝!"

그러자 폴 주교가 구석으로 가더니 홱 토라진 채 쪼그리고 앉았어.

그사이 로댕은 사고의 설명을 듣고 찰흙으로 조각상을 뚝딱뚝딱 만들기 시작했지.

"눈은 좀 더 작고 가느다랗게요."

"이렇게?"

"네네!"

"코는 좀 더 낮아요."

"아냐, 내 코는 더 높다고! 누굴 못난이로 만들려고!"

가끔 유령인 폴 주교가 한마디씩 끼어들었어.

하지만 다행스럽게도 로댕에겐 들리지 않았지. 덕분에 로댕은 사고가 알려 준 대로 매우 정확하게 조각상을 만들 수 있었어.

"짠, 어때?"

마침내 폴 주교와 똑같은 모습의 조각상이 완성되었어.

"우아, 정말 로댕 아저씨는 최고의 조각가예요!"

"천재야, 천재!"

사고는 퀴리에게 이제 빛의 터널을 열라고 말했지. 퀴리는 겁먹은 듯한 표정으로 우물쭈물 망설였어.

"그러다 악마들이 쫓아오면 어떡해?"

"다른 악마는 나폴레옹이 막고 있잖아. 그러니 빛의 터널로 가짜 폴 주교밖에 쫓아올 수 없을 거야."

"하지만……."

퀴리가 망설이자 잔 다르크가 한번 해 보자고 말했어.

"사고의 말이 맞아. 계속해서 적을 피할 수는 없어. 차라리 정면으로 승부를 보자."

이렇게 해서 퀴리가 빛의 터널을 만들었지.

그러자 기다렸다는 듯 가짜 폴 주교가 우리를 쫓아왔어. 우리는 빛의 터널이 생기자마자 집 안의 모든 불을 끄고 조각상들 사이로 숨어 버렸어.

"이놈들, 무슨 꿍꿍이지!"

가짜 폴 주교가 두 눈을 번뜩이며 주위를 두리번거렸어. 그때 유령인 폴 주교가 조각상 뒤에 숨어서 목소리를 내리깔고 말했어.

"가짜 폴 주교여, 늙어서 별 힘도 없는 내 몸을 쓰려니 답답하지 않아? 여기 있는 젊고 튼튼한 몸과 바꾸는 건 어때?"

그 말에 가짜 폴 주교가 솔깃한 표정을 지었어.

“흠!”

“여기 있는 내 몸은 네가 가진 몸보다 더욱 튼튼하고 젊어. 힘도 훨씬 세지. 어때, 이 몸과 그 몸을 바꾸자고. 자, 나의 젊은 몸을 가져가고 늙은 몸을 다오!”

그러자 폴 주교의 몸에 들어 있던 악마가 밖으로 나왔어.

악마는 아주 기분 나쁜 표정을 짓더니 조각상 속으로 들어갔지.

“야호!”

순간 나와 사고, 잔 다르크, 퀴리, 그리고 유령 폴 주교는 환호성을 내질렀어.

"뭐야! 이건 조각상이잖아! 감히 나를 속인 거야?"

로댕 아저씨가 만든 진짜처럼 실감 나는 조각상 속에 갇힌 악마가 고함을 내질렀어. 그사이 유령 폴 주교가 원래 자신의 몸속으로 휙 들어갔어.

"와, 이제야 내 몸을 되찾았네!"

"정말 다행이에요!"

우리가 기뻐하자 조각상 속에 갇힌 악마가 당장 자기를 꺼내 달라고 소리쳤어.

그때 잔 다르크가 사고의 몸속으로 들어가 뻥 하고 발차기를 했어. 동시에 조각상이 와르르 부서지고 말았어.

그렇게 우리를 괴롭히던 악마는 산산조각이 나서 사라지게 되었어.

"헉, 내 조각상을!"

놀란 로댕 아저씨가 두 눈을 휘둥그레 떴어.

"아저씨, 죄송해요."

"악마를 없애려면 이 방법밖에 없었어요."

나는 사고가 발로 찬 조각상들을 쓸어 담은 다음 상자 속에 넣었어. 그리고 그 상자를 로댕 아저씨에게 잘 보관해 달라고 부탁했어.

"아저씨, 이 조각들을 잘 간직해 주세요."

"악마가 다시 나오지 못하게 해야 해요."

사고도 신신당부를 했지. 그러자 로댕은 손가락을 이용해 OK 표시를 만들었어.

모든 것이 끝났다고 생각한 퀴리는 다시 빛의 터널을 만들었어. 이번에는 우리가 있던 파리의 호텔로 돌아갈 수 있는 제대로 된 터널이 만들어졌지.

"아저씨, 부탁해요!"

우리는 로댕에게 손을 흔들며 빛의 터널 속으로 들어갔어. 그러자 우리가 처음 잔 다르크를 만났던 생트샤펠 성당이 나타났지. 그런데 특이하게도 우리가 나올 때와 같은 시간이었지 뭐야. 우리가 폴 주교를 만나고 여기저기 모험을 다니는 사이 시간이 정지되었던 걸까?

"어이, 사고뭉치들!"

엄마 아빠가 잔뜩 화난 얼굴로 우리를 불렀지.

"대체 어디 있었던 거야?"

"그, 그냥!"

"구경 좀 했어."

우리는 말을 얼버무리고 얼른 엄마 아빠한테 달려갔어.

프랑스의 생활문화

아무짝에도 쓸모없다는 뜻의 OK

한국에서는 엄지와 검지를 이용해 O자를 그리면 'OK'라는 뜻이에요. 그러나 프랑스에서는 '너는 아무 쓸모가 없다.'라는 뜻이라고 한답니다. 또 터키나 브라질, 베네수엘라에서는 OK라는 손동작을 여자들에게 절대 쓰면 안 돼요. 아주 심한 욕이거든요. 그러니 아무 때나 오케이라는 손동작을 해선 안 된답니다.

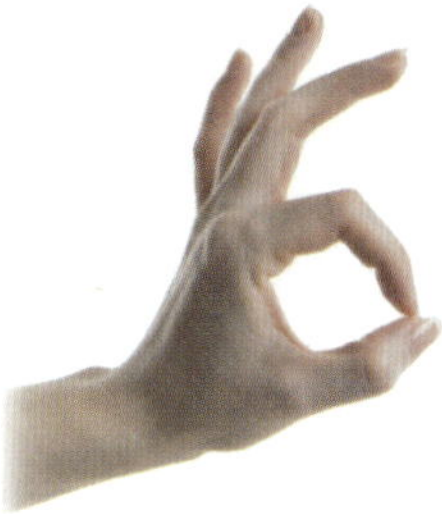

프랑스의 특이한 식사 문화

프랑스 사람들은 보통 두 시간 이상 식사를 해요. 명절이면 여러 사람이 모여서 네 시간도 넘게 긴 식사를 한답니다. 또 프랑스 사람들은 손님을 초대한 식탁에 식탁보를 깔지 않으면 예의가 없는 것으로 생각한대요.

문학의 나라, 프랑스

전 세계적으로 사랑받은 명작, 『어린 왕자』

프랑스에는 아주 존경 받는 작가가 있어요. 바로 '생텍쥐페리'라는 소설가예요. 『어린 왕자』는 셍텍쥐페리가 쓴 아주 유명한 소설이에요. 프랑스 사람들은 생텍쥐페리를 아주 좋아해서 옛 프랑스 지폐 가운데 50프랑에 얼굴을 새겨 놓았을 정도랍니다.

프랑스 사람들이 가장 존경하는 작가 빅토르 위고

『레 미제라블』, 『노트르담의 꼽추』 등을 쓴 작가 빅토르 위고는 프랑스 사람들이 가장 존경하는 작가예요. 프랑스 사람들이 빅토르 위고를 얼마나 좋아하는지는 거리의 이름을 보면 알 수 있어요. 프랑스 사람들은 빅토르 위고를 존경하는 마음으로 모든 도시마다 그의 이름을 딴 거리를 만들었거든요. 프랑스 어느 도시를 가든 빅토르 위고 거리를 찾아볼 수 있답니다.

에필로그

로댕 아저씨의 부활

"우아, 드디어 돌아왔네!"

"악마가 없는 프랑스는 정말 고요하고 평화로워 보이는구나."

나와 사고가 말하자 폴 주교가 프랑스는 정말 아름다운 나라라고 들뜬 목소리로 말했어. 우리는 잔 다르크와 퀴리, 그리고 폴 주교와 작별 인사를 나누었지.

"너희들 덕분에 악마를 무사히 내쫓을 수 있었어."

"고마워!"

잔 다르크와 퀴리가 먼저 작별을 했어. 그리고 진짜 폴 주교도 우리에게 고맙다며 인사해 주었지.

"이제 그만 호텔로 돌아가자!"

내가 사고에게 빨리 돌아가자고 말할 때, 갑자기 사고가 걸음을 멈추더니 고개를 갸웃했어.

"잠깐, 아까 로댕 아저씨는 왜 'OK'라는 표시를 한 거지?"

"그게 왜? 알았다는 뜻이잖아."

"아니야, 우리나라에선 엄지와 검지를 이용해 O자를 그리면 긍정적인 의미지만 프랑스에서는 아무짝에도 쓸모없다는 뜻이라고."

"뭐?"

순간 어디선가 음침한 웃음소리가 들려왔어. 그것은 로댕 아저씨의 목소리였지.

"내가 조각상으로 들어갔을 거로 생각하나 본데, 난 사실 다른 사람의 몸속으로 들어왔지. 바로 너희에게 도움을 준 이 조각가에게 말이야. 크크크!"

"헉!"

그랬어! 악마는 우리를 속이고 로댕의 몸속으로 들어갔던 거야!

어떡하지? 이렇게 새로운 모험이 시작되는 건가?

미로 탈출 프랑스 여행 중 나타난 악마를 피해서 미로를 탈출하세요.

정답

퀴즈

지금까지 프랑스 문화 탐험을 마음껏 즐겼나요? 프랑스에 대해 설명하고 있는 친구들의 이야기를 잘 듣고, 맞는 내용에는 O, 잘못된 내용에는 X로 표시해 보세요.

백 년 전쟁은 프랑스와 이탈리아
사이에서 벌어진 전쟁이야.

O X

마카롱과 와인은 모두
수도원에서 만들었던 음식이야.

O X

흑사병의 원인은 쥐와 벼룩이
퍼트린 바이러스 때문이야.

O X

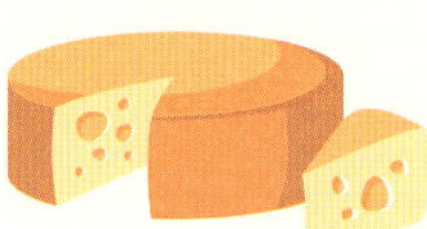

정답: 뭉치 O 사고 X 나폴레옹 X 잔 다르크 X 마리 퀴리 O 폴 주교 O

와글와글 토론

루브르 박물관의 유물은 모두 프랑스의 소유물일까?

프랑스는 예술과 문화의 나라라고 불릴 만큼 오래된 예술 작품들이 많아요. 그런데 식민지 개척 시대에 다른 나라에서 가져온 유물이 루브르 박물관에 전시되어 있는 것을 우리는 어떻게 바라보아야 할까요? 다음 친구들의 토론을 읽고 여러분은 어떤 생각이 드는지 말해 보세요.

토론 참가자 뭉치 사고

2009년 루브르 박물관이 3200년 전 파라오 시대 무덤의 프레스코 벽화 조각 5점을 이집트에 돌려주었대. 근데 프랑스가 왜 그걸 돌려줘야 하지?

유럽의 제국주의 기간에 식민지의 많은 유물이 영국, 독일, 프랑스, 미국 등으로 약탈되거나 밀반출되었기 때문이야. 그래서 이제는 돌려 달라고 주장하는 거지.

식민지 역사는 좀 아픈 일이지만, 그 당시에 제국주의 국가들이 자신들의 자본과 노력으로 발굴 작업을 했으니까 발견한 나라가 가져가도 되는 것 아냐?

식민지 나라의 허가를 받아 발굴하고, 또 유물에 대한 정당한 비용을 지불했다면 뭉치 오빠 말이 맞을 수도 있겠지. 그런데 꼭 그런 것만은 아니거든.

자국의 유물에 진짜 관심이 있기보다 외교 관계에 있어서 우위를 점하기 위해 주장하는 게 아닐까, 하는 생각도 들어.

우리나라의 주요한 유물도 밀반출로 인해 해외 곳곳에 있잖아. 실제로 세계에서 가장 오래된 600년 전 금속 활자본 〈직지〉도 프랑스 국립 도서관에 있거든. 우리도 언젠가 이것을 돌려받을 수 있을까?

내 생각에는……

교과연계표

[3학년 1학기 사회] 2. 일상에서 만나는 과거
[3학년 2학기 사회] 1. 사회 변화와 다양한 문화

[4학년 1학기 사회] 2. 우리 지역의 국가유산

[6학년 2학기 사회] 1. 세계 여러 나라의 자연과 문화